Wir protokollieren

**Ein Arbeitsheft für alle,
die beruflich oder privat den Inhalt von Gesprächen und
Verhandlungen festhalten wollen.**

von

Dr. Hans-Jürgen Bäse
Hans Lambrich
Margit Lambrich

Inhalt

		Seite
1	**Wir halten den Inhalt von Gesprächen fest** Aktennotizrahmen – Formulare – Gesprächsnotiz – Telefonnotiz – Aktenvermerk	3 - 10
2	**Wir halten Verhandlungen für die Nachwelt fest** Verhandlungsprotokolle – Kleine Wortgeschichte – Protokollarten: Wortprotokoll – Verlaufsprotokoll als ausführliches Protokoll – Kurzprotokoll – Ergebnisprotokoll – Wer führt Protokoll? – Anforderungen an den Protokollführer – Wann ist welche Protokollart angemessen?	10 - 15
3	**Wir nehmen ein Protokoll auf** Die Einladung – Das "Vorblatt" – Die Tagesordnung – Die Geschäftsordnung (GO) – Die Arbeitsunterlagen – Platz des Protokollführers – Wie halten wir wichtige Punkte der Tagesordnung fest? – Tipps für die Protokollaufnahme – Zum Thema Tonaufnahmen – Einsatz von Laptops – Die Anfertigung des Protokolls	16 - 23
4	**Wir achten auf die äußere Form des Protokolls (Protokollrahmen)** Beispiele und Erläuterungen zum Beschluss- und Verlaufsprotokoll, aus der Diskussion, Schluss eines Protokolls – Kurzprotokoll – Die Teilnehmerliste – Rednerköpfe – Protokollvordrucke	23 - 29
5	**Wir wiederholen: Übungen und Aufgaben**	30 - 31
6	**Wir beachten die sprachlichen Grundsätze für die Abfassung von Protokollen** Darstellungszeit (Tempus) – Direkte und indirekte Rede – Bildung des Konjunktivs – Drei feste Regeln – Irrealis (Ausdruck der Irrealität) – Umsetzen der persönlichen Fürwörter – Einführungsworte – Zusammenziehungen – Zusammenhängendes Beispiel für das Umsetzen der direkten Rede in die indirekte Rede	32 - 41
7	**Wir üben uns im Protokollieren** Was muss man beim Protokollieren festhalten? – Vertrauliches gehört nicht ins Protokoll – Vom Zusammenfassen – Verwenden Sie die übliche Terminologie Ihrer Arbeitsbereiche einheitlich – Aufgaben	42 - 47
8	**Wir üben das Protokollieren von Anträgen, Beschlüssen, Abstimmungen, Wahlen u. Ä.** Die Abstimmung – Beschlussfassung – Ausführungen vor Eintritt in die Tagesordnung – Sitzungsverlauf – Wahlen – Nächste Sitzung – Aufgaben: Routineformulierungen – Zusammenfassende Wiederholung	48 - 52
9	**Wir beachten die rechtliche Stellung von Aktenvermerken und Protokollen**	52 - 54
10	**Wir testen unser Können**	55 - 65
	Vordruckmuster Fachkürzungen für den Protokollführer	66 - 68 69 - 72

Hinweis: Lösungsvorschläge für sämtliche Aufgaben dieses Buches finden Sie im Lösungsbuch, ISBN Nr. 3-8045-**3963**-7, das auch Musterlösungen für die Sitzungen der Kassette 1 "Winklers Protokolle", ISBN Nr. 3-8045-**3958**-0, enthält.

8., durchgesehene Auflage, 2001
© Winklers Verlag im Westermann Schulbuchverlag GmbH
Postfach 11 15 52, 64230 Darmstadt
http://www.winklers.de
Druck: westermann druck GmbH, Braunschweig
ISBN 3-8045-**3957**-2

Dieses Werk und einzelne Teile daraus sind urheberrechtlich geschützt. Jede Nutzung – außer in den gesetzlich zugelassenen Fällen – ist nur mit vorheriger schriftlicher Einwilligung des Verlages zulässig.

1 Wir halten den Inhalt von Gesprächen fest

Bei der Arbeit in einem Sekretariat (aber auch in anderen Abteilungen und Dienststellen) erreichen Sie oft telefonische Anfragen oder sprechen Besucher vor, wenn Ihr Chef nicht anwesend ist. Über solche Telefonate oder Gespräche bei Besuchen wird ein Vermerk angelegt. Er soll der eigenen Gedächtnisstütze dienen, aber auch andere Mitarbeiter oder Vorgesetzte informieren. Zugleich sollen gegebenenfalls Folgerungen aus dem Gespräch oder dem Besuch gezogen werden. Ihr Vermerk dient also nicht selten dazu, weitere Maßnahmen einzuleiten. Fällt dieser Vermerk kurz aus, spricht man von einer **Telefonnotiz** oder **Aktennotiz**. Bei längeren Texten spricht man dagegen von **Aktenvermerken**. Allerdings werden diese Bezeichnungen nicht einheitlich verwendet.

Aktennotizrahmen

Es ist zweckmäßig, Aktennotizen einheitlich zu gliedern. Bewährt hat sich in der Praxis folgender **Aktennotizrahmen**, den Sie als Vorlage (Maske) speichern sollten:

Betreff (Gegenstand, Thema)

Zeit (Datum, Uhrzeit)

Ort (Besprechungsraum, Telefongespräch)

Teilnehmer (Gesprächspartner, Anrufer)

Inhalt des Gesprächs (Gesprächsergebnis)

Folgerungen (weitere Maßnahmen)

Formulare

Für die verschiedenen Notizen

- Gesprächsnotizen
- Aktennotizen
- Besuchsnotizen

sind Formulare entwickelt worden, die Sie besonders zweckmäßig einsetzen, wenn Sie Kurzschrift (Stenografie) als **Notizschrift** verwenden.

Erläuterung des folgenden Musters

Verwenden Sie für kürzere Gesprächsnotizen das Format A5q. Die Angaben zu den Leitwörtern des Aktennotizrahmens beginnen 5,08 cm vom linken Schreibrand (auf Grad 30). Termine kennzeichnen wir durch "T" (links vom Schreibrand).

Gesprächsnotiz

(74,9 mm von der linken Papierkante – Grad 30)

Betreff: Betriebsferien der Hauptverwaltung (HV) und der Zweigwerke (ZW) IV und IX

Zeit: ..-02-03, 15:30 Uhr
Ort: HV, Zimmer 204

Teilnehmer: Dr. Brokkmann
Frau Stoehwer
Herr Whyler

Gesprächsergebnis:

T Die HV macht vom 22. Juli bis 13. August .... Betriebsferien. Die Betriebsferien für ZW IV und IX werden noch geregelt. Den anderen ZW bleibt es überlassen, wann sie Betriebsferien machen. Termin an HV bis ..-04-22.

Weitere Maßnahmen:

1. Rundschreiben an alle ZW (Herr Whyler)

T 2. Gedruckte Mitteilung an Kunden ab ..-05-01 allen Sendungen beifügen lassen (Herr Whyler)

T 3. Vereinbarungen mit ZW IV und IX bis ..-02-15 treffen (Dr. Brokkmann)

gez. Stoehwer

Beispiel für eine Telefonnotiz

<u>Wortlaut des Telefongesprächs</u>

Herr Berger (B): Schröder & Co., Berger, guten Tag.

Herr Hollenbrink (H): Guten Tag, Herr Berger, hier spricht Hollenbrink. Ich rufe aus Wiesbaden an.

B: Hat es mit den Aufträgen geklappt?

H: Ja, 15 Aufträge über Postausgangsmaschinen, Modell 4, habe ich in Nordhessen bekommen. Die habe ich Ihnen aber schon mit der Post geschickt. Es gibt da noch ein paar andere Dinge, die sehr eilig sind. Deshalb rufe ich Sie auch an.

B: Nun schießen Sie mal los. Ich mache mir Notizen.

H: Da ist zunächst einmal die Reklamation der Büroorganisation Fischer in Kassel. Die werden allmählich ungeduldig, weil immer noch das Ersatzteil Nr. 4 141 für die Postausgangsmaschine fehlt.

B: Gut, dass Sie mich daran erinnern. Ich hatte es nämlich glatt vergessen. Das Ersatzteil für Fischer geht heute noch raus.

H: Das ist gut. Ich hatte schon befürchtet Fischer als Kunden zu verlieren. Dann wäre das also erledigt. Allerdings gibts da noch eine Beschwerde.

B: Ich höre.

H: Das Einrichtungshaus Peter Schäfer in Gießen hat doch im März v. J. eine Verschließmaschine von uns bekommen. Leider arbeitet sie nun nicht mehr einwandfrei.

B: Dann rufen Sie am besten gleich von Wiesbaden aus unseren Frankfurter Kundendienst an. Wenden Sie sich an Herrn Thomas. Der kann das dann in den allernächsten Tagen schon in Ordnung bringen.

H: Gut, mach ich.

B: Haben Sie auch noch eine erfreuliche Nachricht auf Lager?

H: Ich glaube schon. Das Bürohaus Hauser in Fulda interessiert sich lebhaft für unsere Falzmaschinen. Könnten Sie da ein Angebot hinschicken?

B: Selbstverständlich. Glauben Sie, dass wir das Bürohaus als neuen Kunden bekommen könnten?

<u>Umformung des Telefonats in eine Telefonnotiz</u>

<u>Telefonnotiz</u>

Betreff: Verkaufsbezirk Hessen

Zeit: ..-06-24, 11:15 Uhr

Anrufer: Herr Hollenbrink, Wiesbaden

<u>Inhalt:</u>

1. Aus Nordhessen 15 Aufträge über PA-Maschinen, Mod. 4, soeben an uns gesandt.

2. Büroorganisation Fischer, Kassel, reklamiert wegen Ersatzteil Nr. 4 141 für PA-Maschine.

3. Einrichtungshaus Peter Schäfer, Gießen, reklamiert die im März v. J. gelieferte VS-Maschine.

   Mein Vorschlag: Hollenbrink soll Thomas, KD Frankfurt, telefonisch mit Reparatur beauftragen.

4. Bürohaus Hauser, Fulda, erwartet unser Sonderangebot über FZ-Maschinen.

H: Ich denke schon. Wir müssten allerdings mit einem Sonderangebot starten.

B: Der Gedanke ist nicht schlecht. Ich werde mir das mal überlegen und genau durchrechnen. Wie sieht Ihr Reiseplan für die nächste Woche aus?

H: Ich fahre nach Plan 5 zu unseren Kunden in Südhessen – Schwerpunkt Darmstadt.

B: Rufen Sie mich von dort bitte an, wenn es etwas Besonderes gibt.

H: Wird gemacht.

B: Übrigens, wann kommen Sie wieder mal hierher? Geht es nach der Route 5? Ich denke an unseren Kegelabend, jeden Dienstag.

H: Das trifft sich gut. Ich wollte ohnehin am ersten Dienstag im Julei zu Ihnen ins Werk kommen.

B: Dann freue ich mich schon auf das Wiedersehen bzw. auf das Kegeln. Sie wissen, wir schätzen Sie als Meisterkegler allgemein.

H: Nun, das ist zu viel der Ehre. Aber vielen Dank. Ich freue mich auch schon. Auf Wiedersehen!

B: Auf Wiedersehen, Herr Hollenbrink.

5. Reiseroute Hollenbrink nach Plan 5 für 27. Woche: Südhessen (Schwerpunkt Darmstadt)

<u>Weitere Maßnahmen:</u>

zu 2: Ersatzteil Nr. 4 141 heute noch absenden (Abt. V 2)

zu 4: Angebot mit 15 % Rabatt an Hauser, Kopie an Hollenbrink.

gez. Berger

Hinweis für Ihre Telefonnotizen

Verwenden Sie bei Telefonaten für jedes Telefonat einen besonderen Notizzettel, am besten einen Vordruck. Die Erledigung oder Weitergabe Ihrer Notizen, die sich auf ganz verschiedene Themen und Bearbeiter beziehen können, fällt Ihnen dann leichter.

Sie können auch mit einem gespeicherten Vordruck (s. verkleinertes Muster) arbeiten. Falls mehrere Mitarbeiter von der Notiz betroffen sind, arbeiten Sie entweder mit Kopien oder Sie geben jedem nur einen Ausdruck des ihn betreffenden Teils.

Gesprächs-/Telefonnotiz
Besuch/Anruf von _____
Datum, Uhrzeit _____
Gesprächsinhalt _____
_____
_____
_____
Aufgenommen (Name, Zeichen) _____

Der Aktenvermerk

Mitunter ist es erwünscht, dass nicht nur das Gesprächsergebnis und die weiteren Maßnahmen, sondern auch noch andere Fakten und Eindrücke festgehalten werden. In solchen Fällen wählen wir die ausführlichere Form: Wir schreiben einen Aktenvermerk.

Der Aktenvermerk hat den gleichen Rahmen wie die Aktennotiz. Beachten Sie bei der Wiedergabe die Anordnungsregeln, die für die Beschriftung des Briefblattes A4 ohne Aufdruck gelten, sinngemäß.

Das folgende Muster zeigt Ihnen die Anordnung des Rahmens. Die Ausführungen zu Inhalt und Folgerungen sollten Sie 1,5-zeilig schreiben. Aus Gründen der Platzersparnis ist das Muster einzeilig geschrieben.

(16,9 mm von der oberen Blattkante)   *(125,7 mm vom linken Blattrand – Grad 50)*

Versicherungsgesellschaft   ..-12-22
SERENITAS   ma-ks
Postfach 0 00 00
77777 Mondlingen
Tel.: (0 00 00) 00 00

-
-
-
-

(74,9 mm vom linken Blattrand – Grad 30)
Aktenvermerk

Gegenstand:	Sport-Reise-Unfall-Versicherung mit der Ballsportjugend im Deutschen Ballsportverband
Zeit:	..-12-20, 15:00 – 15:30 Uhr
Ort:	Ballsportjugend, Stadionstraße 7 – 9 77799 Mondbergen
Teilnehmer:	Herr Wurf, Beisitzer der Bundesjugendleitung Herr Marsberger, Bezirksdirektion Mondlingen

Inhalt:

Nach der Neuwahl der Bundesjugendleitung der Ballsportjugend im Deutschen Ballsportverband hat im Vorstand dieses Verbandes der neue Beisitzer Wurf die Aufgabe erhalten den Kontakt zu unserer Versicherungsgesellschaft wahrzunehmen. Herr Wurf übernimmt damit die bisher von Herrn Tor wahrgenommenen Aufgaben. Herr Tor hat nicht mehr für das Amt des Bundesjugendleiters kandidiert und ist aus der Bundesjugendleitung ausgeschieden.

Ich habe zunächst ein erstes Informationsgespräch mit Herrn Wurf geführt und ihn über Einzelheiten des Sport-Reise-Unfall-Versicherungsvertrags informiert, die ihm noch unklar waren.

Wir haben uns dann mit der Beschwerde befasst, die der Landesverband Baden-Württemberg vorgebracht hat. Herr Wurf gab mir zu verstehen, dass das Verhalten unserer Gesellschaft in dieser Frage zu einer erheblichen Beunruhigung unter den Delegierten der Ballsportjugend geführt habe. An die Bundesjugendleitung sei bereits die Anregung herangetragen worden bei anderen Gesellschaften nachzufragen, ob diese Gruppenversicherte günstiger behandelten; gegebenenfalls sollte der Vertrag mit uns gekündigt werden. Ich habe eine eingehende Prüfung zugesagt.

Die Atmosphäre während des Gesprächs war sehr kühl. Im Gegensatz zu Herrn Tor zeigte sich Herr Wurf weniger entgegenkommend, wenn er auch bedauere, dass der erste Kontakt zwischen unserer Gesellschaft und ihm als neuem Mitglied der Bundesjugendleitung gleich von Schwierigkeiten überschattet sei. Ich meinte aus den Äußerungen von Herrn Wurf entnehmen zu können, dass ihm bereits günstigere Angebote anderer Gesellschaften vorlägen.

Wir sind übereingekommen über die Beziehungen zwischen unserer Gesellschaft und der Ballsportjugend erneut am ..-01-20 zu sprechen. Herr Wurf erwartet, dass die Schwierigkeiten, denen sich der Landesverband Baden-Württemberg gegenübersieht, bis dahin ausgeräumt sind.

                                                                                                           ...

(zentriert oder 100,3 mm vom linken Blattrand – Grad 40)

— 2 —

Folgerungen:

Unsere Gesellschaft sollte alles tun, um die Ballsportjugend nicht als Partner eines gut laufenden Versicherungsvertrags zu verlieren. Unklare Bestimmungen sollten zugunsten des Landesverbandes Baden-Württemberg ausgelegt werden. Zugleich sollte ich bei der kommenden Besprechung Vorschläge für eine Änderung des Vertrags vorlegen können.

Herr Wurf und die übrigen Mitglieder der Bundesjugendleitung der Ballsportjugend im Deutschen Ballsportverband sollten bei den Glückwünschen zum Jahreswechsel besonders aufmerksam behandelt werden.

-
-
-

gez. Marsberger

-

Verteiler
Zentrale, Abt. GV
Zentrale, Abt. Werbung

Erläuterung des Beispiels "Aktenvermerk"

Auch der Inhalt von Aktenvermerken muss gut gegliedert werden. In unserem Beispiel erläutert der 1. Absatz, wie es zu dem Gespräch gekommen ist; er gibt also eine Art "Vorgeschichte".

Der Gesprächsverlauf wird in mehreren Absätzen geschildert. Davon behandelt der 3. Absatz die Meinung anderer (hier: Meinung des Landesverbandes Baden-Württemberg und des Beisitzers Wurf). Um zum Ausdruck zu bringen, dass hier nicht die Meinung des Berichtenden, sondern die Meinung anderer wiedergegeben wird, stehen diese Ausführungen in der Möglichkeitsform (im Konjunktiv). Über die Verwendung und Bildung des Konjunktivs informiert Sie ausführlicher Abschnitt 6 dieses Arbeitshefts.

Im Gegensatz zum Protokollführer, der im Protokoll keine subjektiven Eindrücke wiedergeben darf, kann und soll dies der Verfasser eines Aktenvermerks durchaus tun. (Vgl. Sie hierzu den 4. Absatz unseres Beispiels, der etwas über das Gesprächsklima aussagt.)

Die Ausführungen zum Teil "Folgerungen" enthalten detaillierte Vorschläge, die der Berichtende dem Empfänger (hier: der Versicherungsgesellschaft Serenitas) aufgrund des Gesprächs macht.

---

1. Aufgabe:

Schreiben Sie über das folgende Gespräch eine Gesprächsnotiz. Wählen Sie Ort und Zeit selbst.

Herr Schwarz (S), Beauftragter des Hauptverbandes der gewerblichen Berufsgenossenschaften:

Guten Tag, mein Name ist Schwarz. Ich bin Beauftragter des Hauptverbandes der gewerblichen Berufsgenossenschaften. Ich hätte gern Ihren Sicherheitsbeauftragten gesprochen.

Frau Roth (R), Sekretärin: Ich bin Frau Roth, Sekretärin der Verkaufsabteilung, die Herr Blau, unser Sicherheitsbeauftragter, leitet. Herr Blau ist in Urlaub. Er nimmt seine Arbeit erst in 14 Tagen wieder auf. Ich vertrete ihn in Sicherheitsangelegenheiten.

S: Sie wissen, wie wichtig die erste Hilfe gerade im Betrieb ist. Hier habe ich einige neue Informationsschriften. Ich darf Ihnen je 5 Exemplare aushändigen. Bitte sorgen Sie dafür, dass diese Broschüren richtig verteilt werden.

R: Vielen Dank. Ich werde wegen der Verteilung nachher gleich mit unserem Personalsachbearbeiter, Herrn Grün, sprechen.

S: Mein besonderes Anliegen ist diesmal, nachdrücklich auf die Grundversorgung durch Ersthelfer hinzuweisen. Unabhängig von der Größe sollten in jedem Betrieb sachgemäß ausgebildete Ersthelfer zur Verfügung stehen. Sie kennen doch die gesetzlichen Bestimmungen?

R: *Natürlich! Wenn mehr als 20 Beschäftigte anwesend sind, müssen mindestens 10 % von ihnen als Ersthelfer ausgebildet sein. Dies gilt zumindest für uns als Fabrikationsbetrieb. Ich glaube, in Verwaltungs- und Handelsbetrieben genügen 5 %.*

S: *Großartig, Frau Roth, Sie kennen sich wirklich aus. Das hat man gerne. Sicherlich sind Sie auch an der Ausbildung neuer Ersthelfer interessiert. Der Malteser-Hilfsdienst in ... beginnt am ... mit einem neuen Lehrgang. Der Lehrgang der Johanniter-Unfallhilfe beginnt in ... genau 14 Tage später. Die Ortsgruppe ... des Deutschen Roten Kreuzes – warten Sie mal – ich sehe nach –, ja, die Ortsgruppe des Deutschen Roten Kreuzes lässt ihren Lehrgang am 22. Oktober d. J. anlaufen. Sie sehen also, Möglichkeiten zur Ausbildung der Ersthelfer gibt es diesmal genug.*

R: *Vielen Dank für Ihre Hinweise, Herr Schwarz. Ich habe mir die Termine notiert und werde sie gleich an die Geschäftsleitung und an den Betriebsrat weitergeben.*

S: *Sie wissen, dass die Kosten für die entsprechenden Lehrgänge von den Berufsgenossenschaften übernommen werden?*

R: *Ja, das ist mir bekannt. Haben Sie auch Informationsschriften über die Ausbildung in erster Hilfe?*

S: *Bitte, ich darf Ihnen 5 Exemplare unseres neuen Leitfadens "Erste Hilfe im Betrieb" überreichen.*

R: *Vielen Dank.*

S: *Gut! Das wär im Augenblick alles. Besten Dank für das Gespräch. Auf Wiedersehen.*

R: *Auf Wiedersehen, Herr Schwarz.*

2. Aufgabe

Fixieren Sie das folgende Gespräch im Institut für Umschulung und Weiterbildung ausführlicher in einem Aktenvermerk. Als Ort wählen Sie bitte Neustadt – Zeit: 25. Januar d. J., 10:00 - 10:30 Uhr

a) Berichten Sie aus der Sicht der Chefsekretärin, Frau Gabriele Oster (O).

b) Berichten Sie aus der Sicht des Institutsleiters, Herrn Dr. Peter Groß (G).

c) Gestalten Sie beide Aktenvermerke nach dem Muster auf Seite 6 und 7.

G: *Guten Tag, Frau Oster. Ich begrüße Sie zu unserer kleinen Besprechung.*

Wie Sie wissen, haben wir über das diesjährige Sommerfest zum 20-jährigen Bestehen unseres Instituts für Umschulung und Weiterbildung ja schon öfter gesprochen und ich habe Sie, liebe Frau Oster, zur Projektleiterin ernannt.

Doch heute müssen wir schon etwas konkreter werden. Das Sommerfest soll am 11. Julei dieses Jahres stattfinden. Wir haben also nur noch ein halbes Jahr Zeit, um dieses Fest optimal vorzubereiten.

O: *Ich freue mich sehr über diese Aufgabe und natürlich freue ich mich schon heute auf das Sommerfest. Ein paar kleine Vorarbeiten habe ich schon erledigt, obwohl ich noch keinen "offiziellen" Auftrag dafür hatte.*

G: *Da bin ich aber neugierig. Lassen Sie bitte hören.*

O: *Ich habe mir gedacht, es ist sehr wichtig, die Kollegen hier in der Verwaltung und die Dozenten nach ihren Vorstellungen und Wünschen für das Sommerfest zu befragen. Einige dieser Mitarbeiter waren praktisch schon von Anfang an in unserem Institut. Die Interviews waren dann auch sehr aufschlussreich.*

Leider bin ich noch nicht dazu gekommen, die Ideen zu sortieren und auszuwerten. Deshalb trage ich sie Ihnen einfach mal so unsortiert vor.

G: *Ich bin überaus angenehm überrascht, Frau Oster. Ich habe nämlich nicht damit gerechnet, dass Sie schon mit den Vorarbeiten angefangen haben. Das erleichtert die Sache natürlich sehr, wenn wir heute schon verschiedene Vorschläge und Wünsche besprechen können. Ich bin sicher, das eine oder andere lässt sich sicherlich realisieren.*

O: *Ich fange einfach mal mit dem an, was sich die meisten Kollegen gewünscht haben: ein fröhliches Fest mit Musik, und zwar mit Live-Musik. Eine gute Band müsste her. Aber die guten Bands sind früh ausgebucht und wohl auch recht teuer.*

Hinweis: Diesen Sprechtext hören Sie auf Kassette 1 "Winklers Protokolle", ISBN Nr. 3-8045-3958-0.

G: Darum könnte ich mich persönlich kümmern. Bei meinem 50. Geburtstag haben die Countryboys gespielt. Zu dieser Gruppe gehört übrigens auch eine sehr gute und attraktive Sängerin. Der Bandleader ist ein guter Bekannter von mir.

Die Countryboys machen nicht nur Countrymusik, sondern auch Tanzmusik – Musik zur Unterhaltung eben.

Ich spreche also in den nächsten Tagen mit Peter Pan, dem Bandleader. Herr Pan wird uns sicherlich einen guten Preis machen. Ich berichte Ihnen dann später über das Gesprächsergebnis. – Haben Sie noch andere Ideen gesammelt, Frau Oster?

O: Wie heißt es doch so schön? Essen und Trinken hält Leib und Seele zusammen. Bei einem Fest spielen das Essen und Trinken also eine große Rolle. Die Mitarbeiter – und ich schließe mich da an – schlagen vor ein feines, leichtes, sommerliches Büfett zu bestellen.

Am 11. Julei könnte es sehr heiß sein und schwere Sachen mit Majönäse oder anderen dicken Soßen sind da nicht angesagt. Als Getränke kommen wohl Fassbier, Sekt und Alkoholfreies infrage.

G: Ich schlage vor, dass Sie, Frau Oster, wegen des Büfetts und der Getränke mit dem Partyservice Brigitte und Rainer Schmatz verhandeln. Bei diesem Service haben wir schon oft bestellt und waren eigentlich immer sehr zufrieden. Erinnern Sie sich noch an das Betriebsfest und an die Weihnachtsfeier?

Am besten setzen Sie sich so bald wie möglich mit Schmatz in Verbindung. Nennen Sie unsere Wünsche für ein sommerliches Büfett und handeln Sie einen Festpreis aus.

O: Gut, ich werde den Partyservice noch in diesem Monat grob informieren und unsere Vorstellungen nennen. Über den Festpreis kann ich aber erst dann verhandeln, wenn die ungefähre Personenzahl feststeht. Ich schätze, das wird erst Mitte oder Ende Juno der Fall sein.

Zum Thema Essen und Trinken gibt es da aber noch einen sehr guten Vorschlag: Einige Kollegen regen an selbst Kuchen zu backen. Dieser Kuchen soll dann zu einem guten Zweck verkauft werden, um das Projekt "Jugend in Armut" zu unterstützen.

G: Der Gedanke gefällt mir sehr gut. Sicherlich werden Sie als Projektleiterin die Anzahl der Kuchen festlegen und dafür sorgen, dass verschiedene Sorten gebacken werden. Auch hier müssen wir an die sommerliche Hitze denken. Creme- und Sahnetorten sind tabu!

O: Sie können sich ganz auf mich verlassen, Herr Dr. Groß.

Die Kollegen haben natürlich nicht nur an ihr eigenes Vergnügen gedacht, sondern auch überlegt, wie wir unser Institut am besten präsentieren können. Die EDV-Abteilung zum Beispiel hat einige Vorschläge parat, die in Richtung "Surfen im Internet" gehen.

Frau Monitor, die Leiterin der EDV-Abteilung, würde sich gern mit Ihnen persönlich darüber unterhalten, wenn ihre Ideen konkretere Formen angenommen haben. Ich habe Frau Monitor für den 10. nächsten Monats, 15:00 Uhr, einen Gesprächstermin bei Ihnen gegeben.

G: Das finde ich ganz ausgezeichnet. Eigentlich müssen wir uns jetzt nur noch um die Einladungen und um die Presse kümmern.

Die Einladungen an den Oberbürgermeister der Stadt, an den Kulturdezernenten, die Direktoren der Arbeitsämter und die Vertreter der Berufsgenossenschaften müssen wir wohl ziemlich früh hinausschicken. Diese Leute haben immer sehr viele Termine, die sie wahrnehmen müssen.

O: Entschuldigen Sie bitte, Herr Dr. Groß: Könnten Sie das bitte wiederholen? Wen müssen wir zuerst einladen?

G: Gern, Frau Oster. Also: Den Oberbürgermeister der Stadt, den Kulturdezernenten, die Direktoren der Arbeitsämter und die Vertreter der Berufsgenossenschaften müssen wir recht früh einladen.

Halten wir für diese Einladungen die erste Woche im Mai fest.

Die anderen Einladungen, also an ehemalige Institutsleiter, Dozenten und Mitarbeiter der Verwaltung, haben wohl bis Mitte Juno Zeit. Dann sind es immer noch vier Wochen bis zum Sommerfest. Die Presse laden wir dann natürlich auch ein.

Über die Texte für die Einladungsschreiben sollten wir beide uns Gedanken machen und dann die Briefe gemeinsam verfassen.

O: Vielleicht sollten wir auch einen PR-Artikel in der Tageszeitung veröffentlichen, um die Bevölkerung und damit potenzielle Interessenten und Teilnehmer auf uns aufmerksam zu machen.

G: Für einen solchen Artikel lasse ich mir etwas einfallen. Erscheinen sollte der Artikel dann Ende Juno. Ich habe also noch Zeit, mit ein paar Gedanken über den Text und über das Layout zu machen.

Aber: Über das Wichtigste haben wir noch nicht gesprochen – über unsere Teilnehmer. Wären sie nicht da, gäbe es kein Institut für Umschulung und Weiterbildung und wir könnten auch nicht unser 20-jähriges Bestehen feiern. Unsere Teilnehmer müssen unbedingt zu diesem Fest eingeladen werden.

Eine solche Einladung könnten wir für alle Klassen ans "schwarze Brett" hängen.

O: Da müssten wir aber die Kostenträger – also die Arbeitsämter und die Berufsgenossenschaften – um Erlaubnis bitten den Unterricht am 11. Julei früher zu beenden, damit unsere Teilnehmer mitfeiern können. Das Fest soll um 11:00 Uhr beginnen. Das bedeutet also, dass der Unterricht bis dahin beendet sein muss.

G: Bitte kümmern Sie sich gleich darum und reichen Sie bei den Kostenträgern die entsprechenden Anträge ein. Ich denke, für heute haben wir genug besprochen.

Als nächsten Besprechungstermin sollten wir den 1. März, 10:00 Uhr, notieren. Sind Sie damit einverstanden?

O: Sehr gern. Bis dahin haben wir sicherlich schon einiges geklärt und sind ein paar Schritte weiter. Darf ich mich dann verabschieden?

G: Selbstverständlich. Ich wünsche Ihnen noch einen schönen Tag. Auf Wiedersehen!

O: Auf Wiedersehen!

---

2   Wir halten Verhandlungen für die Nachwelt fest

Protokolliert wird heute an vielen Stellen und bei vielen Anlässen, z. B. bei Verhandlungen, Diskussionen, Prozessen, Vernehmungen, Zusammenkünften von Politikern, wissenschaftlichen Versuchen, bei der Erprobung technischer Neuerungen u. Ä.

Verhandlungsprotokolle

Gegenstand dieses Arbeitsheftes sind Verhandlungsprotokolle. Darin wird über eine Verhandlung berichtet. Das Protokoll muss rechtlichen Anforderungen genügen. Deshalb muss es objektiv und unparteiisch abgefasst werden. Der Protokollführer darf keinen Sitzungsteilnehmer bei seiner Berichterstattung bevorzugen oder benachteiligen. Er darf seine Meinung zum Verhandlungsgegenstand nicht im Protokoll darlegen – es sei denn, er hätte auch selbst an der Sitzung aktiv teilgenommen. (Da die Objektivität der Berichterstattung leidet, wenn der Protokollführer selbst Sitzungsbeteiligter ist, sollte er an der Sitzung nicht selbst beratend teilnehmen.)

Kleine Wortgeschichte

Das Wort "Protokoll" taucht zuerst im Griechischen des Mittelalters auf. Es ist aus den griechischen Wörtern für "der Vorderste, der Erste" und "der Leim" zusammengesetzt. Ursprünglich wurde mit diesem Wort ein Blatt bezeichnet, das den damaligen amtlichen Papyrusrollen "vorgeleimt" war; man fand darauf die Angaben über die Entstehung der Rollen und den Verfasser.

Später wechselte dann die Bedeutung und man verstand darunter die Titelblätter von Gerichts- oder Notariatsurkunden mit chronologischen Angaben. Das Wort wurde bald international verwendet und erhielt die Bedeutung "Niederschrift von Verhandlungen". Die deutsche Fachsprache des Rechts verwendet neben "Protokoll" auch die Eindeutschung "Niederschrift".

Seit dem 19. Jahrhundert werden in der Fachsprache der Diplomaten mit "Protokoll" die Regeln bezeichnet, nach denen sich der diplomatische Verkehr abspielt. Im Auswärtigen Amt der Bundesrepublik Deutschland ist für die Einhaltung dieser Regeln der "Chef des Protokolls" verantwortlich, der die Protokollabteilung leitet.

In der Fachsprache der Naturwissenschaften und der Technik ist ein Protokoll auch ein genauer Bericht darüber, wie ein Versuch, ein Heilverfahren, eine Operation verlaufen ist und welches Ergebnis erzielt worden ist.

Benutzen Sie ein gutes einsprachiges Wörterbuch der deutschen Sprache. Es gibt Ihnen Auskunft über weitere Bedeutungen, die nur regional vorkommen, und über die möglichen Ableitungen und Zusammensetzungen sowie über den Gebrauch in Wendungen *wie das Protokoll führen, etwas zu Protokoll geben, etwas zu Protokoll nehmen.*

Protokollarten

Das Informationsbedürfnis eines späteren Lesers über den Verlauf einer Sitzung kann unterschiedlich sein. Daraus ergeben sich auch die verschiedenen Protokollarten.

Wortprotokoll

Als Staatsbürger möchten wir z. B. genau wissen, was in den Parlamenten von Bund und Ländern beraten worden ist. Hier kann es auf jedes Wort ankommen, auf jede Nuance. Für die Berichterstattung über öffentliche parlamentarische Verhandlungen sind deshalb **WORTPROTOKOLLE** vorgeschrieben; sie werden von Verhandlungsstenografen erstellt und heißen deshalb auch **STENOGRAFISCHE BERICHTE**.

Außer den Ausführungen der Redner werden auch alle anderen Vorgänge während der Sitzung (Zwischenrufe, Beifall und Missfallen usw.) festgehalten. Solche Wortprotokolle sind sehr umfangreich.

Die stenografischen Berichte enthalten eine von der gesprochenen Sprache in die geschriebene Sprache redigierte Fassung. Gerade die redaktionelle Bearbeitung der Reden und deren Bereinigung um offensichtliche Versehen ist eine wichtige Aufgabe der Parlaments- und Verhandlungsstenografen. Nur die Wortprotokolle parlamentarischer Untersuchungsausschüsse werden ausdrücklich in der gesprochenen Fassung belassen.

Verlaufsprotokoll als ausführliches Protokoll

In manchen Fällen ist der Leser daran interessiert, etwas über die Ergebnisse der Sitzung, deren Verlauf und die wichtigsten Argumente der Sitzungsteilnehmer zu erfahren. Solche Protokolle werden als **AUSFÜHRLICHE PROTOKOLLE**, als **VERLAUFSPROTOKOLLE** (weil sie den Sitzungsverlauf chronologisch wiedergeben) oder als **STENOGRAFISCHE PROTOKOLLE** (weil zu ihrer Anfertigung ausführliche stenografische Aufzeichnungen verwendet werden) bezeichnet.

Zwei Typen von Verlaufsprotokollen sind zu unterscheiden: solche, wo die Sprecher ausdrücklich mit Namen genannt werden, und andere, wo der Name des Sprechers nicht angegeben, höchstens umschrieben wird. Besonders bei kontroversen Debatten möchte man mit dieser Art von Protokoll den Lesern zwar die Meinungen der Sitzungsteilnehmer ausführlich vor Augen führen, aber nicht, wer die Meinungen vorgetragen hat.

Auszug aus einem Wortprotokoll *

Präsident Grimm: Eine Zusatzfrage der Abgeordneten Frau Hartzmann.

Abg. Frau Hartzmann F.D.P.: Herr Minister, wie sehen Sie das Instrument des Bürgerentscheides, wenn der Bürgerentscheid zum Inhalt hat, eine Rechtsnorm des Bundesgesetzgebers in Frage zu stellen? Ich spreche zum Beispiel von der TA Siedlungsabfall.

(Unruhe im Hause)

Zuber, Minister des Innern und für Sport: Das muss sicherlich durch die vorgelegte Fragestellung entsprechend bedacht werden.

Präsident Grimm: Eine Zusatzfrage des Abgeordneten Berg.

Abg. Berg CDU: Darf ich Ihrer vorherigen Antwort entnehmen, dass Sie der Auffassung sind, dass nach einer Änderung der Hauptsatzung keine neue Sammlung von Unterschriften vorgenommen werden müsste

(Mertens, SPD: Oje, oje, er kann es in Bildern machen, dann kann man es leichter lesen! – Zuruf von der SPD: Doch!)

oder sind Sie der Auffassung, dass die Unterschriften noch einmal neu gesammelt werden müssen?

Zuber, Minister des Innern und für Sport: Ich habe mindestens zum dritten Mal gesagt, dass die Hauptsatzung geändert werden muss, wenn man das will. Dann hat das Prozedere noch einmal stattzufinden.

Präsident Grimm: Es liegen keine weiteren Zusatzfragen vor. Die Mündliche Anfrage ist damit beantwortet.

(Beifall der SPD und der F.D.P.)

Ich rufe auf die **Mündliche Anfrage des Abgeordneten Guido Dahm (BÜNDNIS 90/DIE GRÜNEN), Weitere Einsparungen beim BaföG** betreffend – Drucksache 13/2325.

---

* Aus dem Plenarprotokoll 13/46 des Landtags Rheinland-Pfalz

Auszug aus einem ausführlichen Protokoll – *mit* **Nennung der Sprecher**
(Nach Kassette 1: „Winklers Protokolle" – 2. Besprechung)

Herr Tanne berichtet, um die beiden Positionen Abteilungsleiter für den Einkauf und Abteilungsleiter für den Verkauf hätten sich 123 Interessenten beworben. Die erste Vorauswahl bei den schriftlichen Bewerbungen sei ziemlich einfach gewesen. Bewerber mit unvollständigen oder schlampigen Unterlagen habe man sofort aussortiert.

Frau Buche ist sehr erstaunt. Schlampige und unvollständige Unterlagen erwarte man höchstens von jungen Bewerbern um einen Ausbildungsplatz, jedoch nicht von Bewerbern um gehobene Positionen.

Herr Dr. Eiche meint, solche Bewerbungen stammten von Leuten, die ohnehin für diese Führungspositionen nicht geeignet seien, und bittet, Herrn Tanne, weiter zu berichten.

Herr Tanne nennt als weitere Mängel ungeklärte Lücken im Lebenslauf oder ungeeignete berufliche Werdegänge. Nach der Vorauswahl könne man noch 86 Bewerberinnen und Bewerber zum Vorstellungsgespräch einladen. Bei diesen Bewerbern scheine alles zu stimmen: beruflicher Werdegang, Qualifikation und Persönlichkeit.

Herr Dr. Eiche betont, das traditionelle Vorstellungsgespräch allein reiche nicht aus. Nach Meinung der Experten gehörten Tests unbedingt dazu.

Herr Tanne hat sich schon über Wissen- oder Intelligenztests sowie über Persönlichkeits- oder Psychotests informiert. Auf Wissens- oder Intelligenztests könne man sich mit entsprechender Literatur gut vorbereiten. Getestet werde hier das Allgemeinwissen, das Fachwissen, das Gedächtnis und die Konzentration. Ein Aufsatz komme eventuell noch hinzu.

Frau Buche findet die Wissens- oder Intelligenztests seriös. Auch der Betriebsrat habe dagegen keine Bedenken.

Herr Dr. Eiche fragt skeptisch, ob diese Tests wirklich ausreichend seien. Von einer Führungskraft erwarte man außer Wissen noch Flexibilität, Dominanz, Disziplin und Karrierestreben, außerdem soziale Kompetenz, was fast noch wichtiger als das Wissen sei.

...

Auszug aus einem ausführlichen Protokoll – *ohne* **Nennung der Sprecher**

Ein Vertreter des Y-Verbandes unterstützt alle Maßnahmen, mit denen sich das Ziel erreichen lasse. Die Politiker sollten sich aber nicht nur von den früher gesteckten Zielen leiten lassen. Sie dürften nicht enttäuscht sein, wenn nun die Wünsche anders formuliert würden.

Ein Abgeordneter der Partei A bekundet sein Verständnis für die Auffassung der Regierung. Der Ausschuss habe sich allerdings in drei langen Sitzungen mit dem Plan der Regierung befasst und sich intensiv mit allen offenen Fragen auseinander gesetzt.

Ein Sprecher des Ausschusses macht darauf aufmerksam, dass die Ausschussempfehlungen in verschiedene Vorschläge an verschiedene Stellen unterteilt seien. Weiter habe der Ausschuss der Regierung viel Material der Interessenverbände zur weiteren Berücksichtigung überwiesen.

Ein Vertreter der Gewerkschaft Z nimmt zur sozialen Lage der Bediensteten Stellung und fordert die schnellste Verwirklichung der Ausschussempfehlungen. Wichtig sei vor allem, dass der Ausschuss die Regierung ersucht habe bis zum 1. Juli .. neue Konzeptionen vorzulegen.

Ein Abgeordneter der Partei A schlägt vor der Empfehlung des Ausschusses zu dem Plan in vollem Umfang zuzustimmen. Dies sei besonders im Interesse der Landbewohner wichtig, da sich die Verhältnisse auf dem flachen Lande in den letzten Jahren zusehends verschlechtert hätten.

Ein Abgeordneter der Partei B unterstreicht, dass sich der Ausschuss gründlich mit dem Plan befasst habe, worüber ja ausführlich berichtet worden sei. Seine Partei stimme den Zielen des Plans zu, vertrete aber in einigen Punkten eine andere Auffassung. In einigen Bereichen möchte sie die Schwergewichte anders gesetzt sehen. Zu den Gesetzgebungsplänen vertrete sie ganz andere Auffassungen. Dennoch sei sie aber mit sehr vielen Punkten des Plans einverstanden.

Kurzprotokoll

Oft will man außer dem Verhandlungsergebnis nur sehr knapp die wichtigsten Argumente kennen lernen, die zu dem Verhandlungsergebnis geführt haben. Dann genügt ein **KURZPROTOKOLL**.

Ein Kurzprotokoll gibt den Inhalt einer Verhandlung unter sachlichen Gesichtspunkten wieder. Außer den Beschlüssen enthält es nur die wichtigsten Angaben darüber, wie die Ergebnisse zustande gekommen sind. Die Namen der Diskussionsredner werden nur in Ausnahmefällen angeführt; nur noch die wichtigsten Argumente sind im Protokoll enthalten.

Das Protokoll wird nach sachlichen Gesichtspunkten gegliedert und braucht dabei nicht dem Sitzungsverlauf zu folgen. Gegliedert werden kann z. B. nach der Wichtigkeit der Verhandlungspunkte oder unter terminlichen Gesichtspunkten (der zeitlich nächste Termin wird dann zuerst behandelt).

Kurzprotokolle sind in der Praxis weit verbreitet, vor allem wenn sich bei breit angelegten Diskussionen am Ende nur wenige Argumente herausschälen und auch nicht herausgestellt werden muss, wer welche Argumente vorgetragen hat.

Auszug aus einem Kurzprotokoll

1. Erweiterung des Kundenkreises

Zurzeit sei die Meinung weit verbreitet, dass unsere Software nur für große Industriebetriebe geeignet sei. Als mögliche weitere Kunden kämen in Betracht:

- Verwaltungen (Behörden, Ämter, Kliniken, Krankenhäuser, Kurheime) mit Interesse für unsere Verwaltungs-Software.

- Hoch- und Tiefbauingenieure sowie Architekten: Für sie haben wir ebenfalls eine spezielle Software entwickelt.

- Rechtsanwälte und Notare: Für diese Gruppe gibt es ganz neu unsere Software Nr. 1 000.

2. Verbraucherfreundliche Handbücher

Die Handbücher seien zu kompliziert und für den Laien schwer oder gar nicht verständlich. Die Handbücher müssten verbraucherfreundlicher abgefasst werden.

3. Schulungen für Kunden

Den Kunden sollen Einweisungsseminare für unsere Programme von ein bis zwei Tagen Dauer direkt am Arbeitsplatz angeboten werden.

Ergebnisprotokoll

Schließlich genügt es auch in einer Reihe von Fällen, wenn nur die Verhandlungsergebnisse im Protokoll festgehalten sind. Man spricht von **ERGEBNISPROTOKOLLEN**. Nicht so gut ist die ebenfalls gebräuchliche Bezeichnung **BESCHLUSSPROTOKOLLE**, weil es auch Sitzungen gibt, in denen man zwar ein Ergebnis erreicht (vielleicht das, dass man keines erreichte), in denen aber keine Beschlüsse gefasst werden. Diese Protokolle beschränken sich auf das juristisch unbedingt Notwendige.

Wo Verlaufsprotokolle nötig sind, empfiehlt es sich, ihnen für eilige Leser ein Ergebnisprotokoll voranzustellen. Dieser Teil trägt dann die Überschrift *Besprechungsergebnisse*. Mehr dazu auf Seite 25.

Auszug aus einem Ergebnisprotokoll *

1. Herr Dr. Groß kümmert sich in den nächsten Tagen um die Livemusik und spricht mit Peter Pan, dem Bandleader der "Countryboys".

2. Frau Oster verhandelt noch im Januar mit dem Partyservice Brigitte und Rainer Schmatz wegen eines sommerlichen Büfetts.

   Die Einzelheiten für das Büfett bespricht sie Mitte/Ende Juni, wenn die ungefähre Teilnehmerzahl feststeht. – Frau Oster spricht außerdem rechtzeitig mit den Kollegen wegen der selbst gebackenen Kuchen zugunsten des Projekts "Jugend in Armut".

* nach: Kassette 1 "Winklers Protokolle", 1. Besprechung

Wer führt Protokoll?

Die Anfertigung von Wortprotokollen gehört zum Arbeitsfeld des Parlaments- und Verhandlungsstenografen. Die Aufgabe, ein Verlaufs-, Kurz- oder Ergebnisprotokoll zu erstellen, kann aber jeden treffen, der an Verhandlungen teilnimmt. In Wirtschaft und Verwaltung gehört die Anfertigung solcher Protokolle oft zur Aufgabe der Sekretariatsfachkauffrauen oder Sekretariatsfachkaufleute oder verwandter Berufe.

Das Protokoll ist ein beweiskräftiges Dokument

Für den Protokollführer ist die Anfertigung von ausführlichen Protokollen und von Kurzprotokollen besonders schwierig, weil er in diesen Fällen aufgrund seiner Sachkenntnis das Wesentliche objektiv und unparteiisch auswählen und zusammenfassen muss. Mit seiner Arbeit schafft er ein später beweiskräftiges Dokument über das von ihm Protokollierte.

Überblick über die Protokollarten

Sie kennen jetzt die verschiedensten Arten von Protokollen. In den Mustern haben Sie die Wiedergabe von Diskussionen in unterschiedlicher Ausführlichkeit, beim Ergebnisprotokoll in Form zusammengefasster Ergebnisse kennen gelernt. Bei Verhandlungen werden aber auch **ANTRÄGE** gestellt und **BESCHLÜSSE** gefasst. Beide müssen Sie immer im genauen Wortlaut festhalten, auch im Ergebnisprotokoll. Mehr darüber erfahren Sie in Abschnitt 8.

Protokollart	Wiedergabe der Diskussionen	Anträge/Beschlüsse
Wortprotokoll	wörtlich, redigiert	wörtlich
Verlaufsprotokoll	zusammengefasst in der Reihenfolge (nach dem Verlauf) der Verhandlung	wörtlich
Kurzprotokoll	nur noch wesentliche Diskussionspunkte, sachlich zusammengefasst	wörtlich
Ergebnisprotokoll	Verhandlungsergebnisse knapp zusammengefasst	wörtlich

Anforderungen an den Protokollführer

An Protokollführer werden erhebliche Anforderungen gestellt, da sie die Protokolle selbst formulieren. Sie müssen mit den Regeln der Rechtschreibung, Zeichensetzung und Grammatik vertraut sein und ein Handbuch der deutschen Rechtschreibung benutzen können. Auch mit den Grundregeln des deutschen Sprachstils müssen sie vertraut sein. Ihnen muss klar sein, dass sie Nominalstil, Pleonasmen, Modewörter und Phrasen meiden sollen. Sie müssen darüber hinaus die Fachsprache des Arbeitsgebiets anwenden können, dem die Verhandlung gewidmet ist.

> **Wenn Sie während der Ausbildung mehrmals wiederkehrende Fehler bemerken, tragen Sie sie in eine Liste ein. Diese Liste sollten Sie immer wieder durcharbeiten und sogar am Arbeitsplatz vorliegen haben, um gleich darauf zurückgreifen zu können. So lernen Sie im Laufe der Zeit, Ihre individuellen Fehler zu vermeiden.**

Besonders hohe Anforderungen an das sachliche Wissen werden an den Protokollführer dort gestellt, wo er Verlaufsprotokolle (ausführliche Protokolle) und Kurzprotokolle anfertigen soll. Hier muss er entscheiden, was wesentlich ist und was nicht.

Wann ist welche Protokollart angemessen?

Welche Art von Protokoll für die Darstellung der jeweiligen Verhandlung gewählt wird, richtet sich nach den späteren Bedürfnissen der Benutzer.

- **WORTPROTOKOLL**

    Was auf einer Parlamentssitzung, einem Parteitag oder der Jahreskonferenz eines Interessenverbandes gesagt wurde, kann später für Politiker, Historiker, Juristen bis zum letzten Wort von Interesse sein. Ein Wortprotokoll empfiehlt sich, weil solche Verhandlungen oft von weitreichender Bedeutung sind.

    Die Sitzungen der Parlamente z. B. von Bund und Ländern sind öffentlich. Da aber nur die wenigsten Staatsbürger direkt an der Sitzung teilnehmen und sie dann auch kaum in voller Länge über viele Stunden verfolgen können, werden Wortprotokolle erstellt, die von Interessenten regelmäßig bezogen werden können. Die wichtigsten Auszüge aus solchen Wortprotokollen veröffentlicht wöchentlich mit zusätzlichen Erläuterungen und Hinweisen die Zeitschrift "Das Parlament".

- **VERLAUFSPROTOKOLL (AUSFÜHRLICHES PROTOKOLL)**

    Wo Beratungen nur dazu dienen, eine spätere Entscheidung vorzubereiten, z. B. in Ausschüssen, oder wo das Ergebnis der Besprechung nur für einen kleineren Kreis, z. B. eine Firma, oder für einen Verband für interne Maßnahmen von Interesse ist, genügt ein ausführliches Protokoll (Verlaufsprotokoll), falls die Benutzer daran interessiert sein sollten, mit welchen Argumenten die Entscheidungen zustande gekommen sind und wer zur Entscheidungsfindung beigetragen hat.

- **KURZPROTOKOLL – ERGEBNISPROTOKOLL**

    Sollen Entscheidungen nur für eine kurze Frist gefällt werden oder die Entscheidungen für einen kleinen Kreis wirksam werden, genügt ein Kurzprotokoll oder sogar nur ein Ergebnisprotokoll. Wo Wortprotokolle oder ausführliche Protokolle angefertigt werden, werden mitunter *zusätzlich* Ergebnisprotokolle abgefasst.

Nach Möglichkeit vorher informieren

Der Protokollführer sollte möglichst vor der Aufnahme des Protokolls wissen, welche Art von Protokoll von ihm verlangt wird, da davon die Art der Protokollführung abhängt, z. B. der Umfang der Aufzeichnungen.

Selbstständig entscheiden

Sofern er keine Anweisungen über die Art des Protokolls erhalten hat, muss er aufgrund des Interessentenkreises und des Ausmaßes der Auswirkungen der Verhandlungsergebnisse entscheiden, welcher Grad von Ausführlichkeit angebracht ist.

Aufgaben

Überlegen Sie, wie Sie als Protokollführer entscheiden würden, welche Art von Protokoll in folgenden Fällen jeweils abzufassen ist:

1. Die Auslandsvertreter eines Großunternehmens diskutieren mit der Unternehmensleitung über die künftigen Exportchancen neuer Produkte.

2. Der Personalrat einer Behörde hat über drei verschiedene Vorschläge für das Ziel des Betriebsausflugs zu entscheiden.

3. Der Landtag eines deutschen Bundeslandes hört juristische Sachverständige zu einer geplanten Gesetzesänderung.

4. Die Betriebssportgruppe wählt auf ihrer Jahresversammlung einen neuen Vorstand.

5. Eine Gewerkschaft hält ihren alle 4 Jahre stattfindenden Gewerkschaftstag ab, auf dem Satzungsänderungen sowie ein Aktionsprogramm beschlossen werden.

3   Wir nehmen ein Protokoll auf

Innerhalb einer Firma wird oft kurzfristig zu einer Besprechung eingeladen. Andere Sitzungen werden auf längere Sicht geplant. Damit die Sitzungsteilnehmer rechtzeitig zur Sitzung kommen, müssen sie wissen, wann und wo die Sitzung stattfindet, wie lange sie dauert. Falls die Sitzung nicht ständig am gleichen Ort stattfindet, sollten die Sitzungsteilnehmer auch darüber informiert werden, wie man den Sitzungsort mit dem Kraftwagen, mit der Bahn und gegebenenfalls mit dem Flugzeug erreichen kann und wo sie bei mehrtägigen Sitzungen übernachten können. **Lassen Sie am rechten Rand eine breite Spalte frei, auf der sich die Sitzungsteilnehmer Notizen machen können.**

Muster einer Einladung zu einer Vorstandssitzung   *(125,7 mm vom linken Blattrand = Grad 50)*

Verband XYZ   ....-12-28
Otto-Müller-Platz 4   mü-schm
00000 Nirgendstadt
Tel. (0 00 00) 00 00 00
Fax (0 00 00) 00 00 10

Frau
Beate Förster
Kurt-Schäfer-Allee 5 // W 307

00010 Nirgendhausen

Einladung zu einer Vorstandssitzung   An Nichtvorstandsmitglieder
                                                                    nur nachrichtlich

Sehr geehrte Damen und Herren,

hiermit lade ich die Mitglieder des Vorstandes des Verbandes XYZ nach dem Beschluss der Mitgliederversammlung vom ..-12-27 zu einer Sitzung am
(49,5 mm vom linken Blattrand = Grad 20)
Donnerstag, 14. Februar ...., von 09:15 bis 13:00 Uhr
nach 00020 Umwelthausen, Hotel "Wunderschön",
Schöne Allee 23, Tel. (0 00) 0 00, Fax (0 00) 0 10

ein. Ich schlage folgende Tagesordnung vor:

1. Konstituierung des neu gewählten Vorstandes
2. Übernahme der Verbandgeschäfte
3. Aufgabenverteilung
4. Benennung von Kandidaten für die Wahl zum Beirat des Y-Amtes
   hierzu: Schreiben des Y-Amtes vom ...
5. Stand der Beitragszahlungen
   hierzu: Information des Schatzmeisters
6. Verschiedenes
7. Nächste Sitzung

Bitte nennen Sie gegebenenfalls weitere Tagesordnungspunkte.

Zimmer sind für Sie im Hotel "Wunderschön" in Umwelthausen reserviert. Bitte bestätigen Sie dem Hotel die Reservierung bis spätestens 2. Februar 20... Sie erreichen das Hotel

- mit dem Kraftfahrzeug: ...
- mit der Bahn: ...
- mit dem Flugzeug: ...

Ich wünsche Ihnen eine gute Anreise zu unserer Sitzung.

Mit freundlichen Grüßen   2 Anlagen

Heinrich W. Müller
Präsident

Die Einladung

Die Teilnehmer sollen sich gut auf die Sitzung vorbereiten. Deshalb muss die Einladung auch die Tagesordnung der Sitzung enthalten (abgekürzt: TO). Die Tagesordnung wird in Punkte (TOP) unterteilt. Soweit es für die einzelnen Tagesordnungspunkte Beratungsunterlagen gibt, müssen diese angegeben sein, damit die Teilnehmer sie mitbringen.

Weite Teile des Textes von Einladungen wiederholen sich ständig. Sie können für die Einladung gut die Ihnen offen stehenden Möglichkeiten der Textverarbeitung nutzen, also mit Vordrucken arbeiten oder die sich ständig wiederholenden Teile speichern. Wenn sich der Kreis der Teilnehmer an einer Verhandlung ständig wiederholt, sollte er in einer gespeicherten Adressenkartei gesondert greifbar sein (z. B. durch eine besondere Suchmöglichkeit im Programm), um Serienbriefe versenden zu können.

Bezeichnen Sie in der Einladung genau den Kreis der Personen, der an der Sitzung teilnehmen soll, und den Kreis, der die Einladung aus bestimmten Gründen zur Information erhält.

An Personen, die an der Sitzung teilnehmen sollen, sollte eine Einladung nur als verschlossener Brief verschickt werden. Infobriefe werden oft nicht oder nicht gleich nach Ankunft beachtet. Vielfach müssen bei Einladungen auch gewisse Fristen beachtet werden. Beim Versand einer Einladung als Infobrief an Sitzungsteilnehmer könnte diese Frist überschritten werden.

Wenn Sie der Einladung weitere Unterlagen beifügen, vermerken Sie diese in der Anlage. Außer Verhandlungsunterlagen sind für die Teilnehmer wichtig: Gebiets-, Orts- und Hotelprospekte. Kopieren Sie notfalls aus einer Landkarte oder einem Stadtplan Teile und zeichnen Sie die Tagungsstätte(n) und auch die Wegstrecke ein.

Beispiel für ein "Vorblatt"

Deutscher Bundestag   Drucksache 0/000
... Wahlperiode   ....-03-21
*   Sachgebiet 319*

Gesetzentwurf der Bundesregierung

Entwurf eines Gesetzes zu dem Vertrag vom 26. November .... zwischen der Bundesrepublik Deutschland und ...

A. Zielsetzung

Der reibungslose Ablauf des ständig zunehmenden Auslieferungsverkehrs zwischen der Bundesrepublik Deutschland und ... soll durch eine vertragliche Regelung sichergestellt werden.

B. Lösung

Der Vertrag vom 26. November ... trifft die erforderlichen Regelungen; er ist ratifizierungsbedürftig (Artikel 59 Abs. 2 des Grundgesetzes). Mit dem vorliegenden Gesetz soll der Vertrag die für die Ratifizierung erforderliche Zustimmung der gesetzgebenden Körperschaften erlangen.

C. Alternativen

Alternativvorschläge liegen nicht vor.

D. Kosten

keine

Das "Vorblatt"

Umfangreiche Beratungsunterlagen sollten eine knappe Einführung haben, wie sie z. B. Beratungsunterlagen des Deutschen Bundestages enthalten. Auf einem Vorblatt von 1 bis 2 Seiten werden knapp geschildert: Problem – Lösung – Alternativen (andere Lösungsmöglichkeiten) – Kosten. Durch ein solches Vorblatt wird die Entscheidungsfindung wesentlich erleichtert.

Die Tagesordnung

Die Sitzung selbst wird in der Reihenfolge der vorher festgelegten Tagesordnung abgewickelt. Freilich kann während der Sitzung beschlossen werden die Tagesordnung zu ergänzen, einzelne Punkte von der Tagesordnung zu streichen oder "abzusetzen" oder sie auf eine spätere Sitzung zu "vertagen".

Tagesordnungspunkte mit Beratungen über ein Sachproblem laufen oft nach einem bestimmten Schema ab: Zuerst wird in eine Beratungsunterlage eingeführt oder ein Problem wird in einem Vortrag oder "Referat" (möglicherweise auch in einem "Korreferat") behandelt, dann wird darüber diskutiert, schließlich wird eine Entscheidung getroffen.

Die Tagesordnung wird häufig nach einem bestimmten Schema aufgestellt, das sich aus bestehenden festen Regelungen (Gesetze, Satzungen, Geschäftsordnungen usw.) ergibt.

Sicherlich ist Ihnen das schon bei der Mitgliederversammlung von Vereinen aufgefallen, denen Sie angehören.

Sofern zu einzelnen Tagesordnungspunkten Beratungsunterlagen vorliegen, führen Sie diese ausdrücklich an, damit die Sitzungsteilnehmer die Unterlagen mitbringen. In deutschen Parlamenten werden solche Unterlagen als "Drucksachen" bezeichnet, die für jede Wahlperiode neu nummeriert werden.

Die Entscheidungsfindung kann dadurch erleichtert werden, dass in einer besonderen Unterlage die Lösungsansätze für die einzelnen Tagesordnungspunkte aufgeführt werden.

Lassen Sie in einer solchen Zusammenstellung nach den einzelnen Punkten genügend Platz, damit sich die Sitzungs- oder Besprechungsteilnehmer eigene Vermerke zur Vorbereitung oder während der Sitzung machen können.

Tagesordnung

1. *Genehmigung der Tagesordnung*
2. *Genehmigung des Protokolls der letzten Mitgliederversammlung*
3. *Bericht des Ersten Vorsitzenden*
4. *Bericht des Zweiten Vorsitzenden*
5. *Diskussion über die Berichte*
6. *Kassenbericht*
7. *Kassenprüfungsbericht*
8. *Diskussion über den Kassenbericht und den Kassenprüfungsbericht*
9. *Entlastung der Kassenführung*
10. *Entlastung des Vorstandes*
11. *Bestellung eines Versammlungsleiters für Neuwahlen*
12. *Neuwahlen des Vereinsvorstandes*
13. *Anregungen für die Arbeit des Vorstandes im kommenden Jahr*
14. *Beratung über Anträge*
15. *Ort und Zeitpunkt der nächsten Mitgliederversammlung*
16. *Verschiedenes*

Auszug aus einer Geschäftsordnung

§ 6 (Öffentlichkeit)

Die Sitzungen des Ausschusses sind öffentlich, soweit nicht rechtliche Gründe entgegenstehen. Die Öffentlichkeit kann ausgeschlossen werden; über den Antrag wird in nicht öffentlicher Sitzung verhandelt.

§ 7 (Leitung)

Der Vorsitzende eröffnet, leitet und schließt die Sitzungen. Vor Schluss jeder Sitzung verkündet er den Zeitpunkt der nächsten Sitzung, falls er bereits bestimmt ist.

§ 9 (Tagesordnung)

Die Tagesordnung wird an die Ausschussmitglieder verteilt. Vor Eintritt in die Tagesordnung fragt der Vorsitzende, ob der vorgeschlagenen Tagesordnung widersprochen wird. Widerspricht ein Ausschussmitglied, entscheidet der Ausschuss.

§ 10 (Änderung der Tagesordnung)

(1) Gegenstände, die nicht auf der Tagesordnung stehen, dürfen nicht beraten werden, wenn auf ausdrückliches Befragen zwei Mitglieder widersprechen.

(2) Der Vorstand kann einen Gegenstand von der Tagesordnung absetzen.

Die Geschäftsordnung (GO)

In einer Geschäftsordnung werden die verschiedenen Formen der Zusammenarbeit in einem bestimmten Gremium geregelt. Die Geschäftsordnung enthält oft auch Bestimmungen über den Ablauf von Sitzungen, z. B.

- Wer kann an den Sitzungen teilnehmen?
- Wer leitet die Sitzungen?
- Wie werden die Sitzungen einberufen?
- Wie laufen die Diskussionen ab?
- Wer erhält das Wort?
- Welche Redezeit wird festgelegt?
- Wem kann das Wort entzogen werden?
- Wie viele Teilnehmer müssen mindestens anwesend sein, damit Beschlüsse gefasst werden können? (Beschlussfähigkeit)
- Wie werden Beschlüsse gefasst?
- Wer darf Anträge wie stellen?
- Wie wird gewählt?
- Wie wird über Sachanträge abgestimmt? (Personen werden gewählt, über Sachen wird abgestimmt.)

Gewöhnlich finden sich auch Bestimmungen über die Protokollierung und über die Verteilung des Protokolls.

§ 12 (Worterteilung und Wortmeldung)

Sprechen darf nur, wem der Vorsitzende das Wort erteilt hat. Ausschussmitglieder, die zur Sache sprechen wollen, haben sich bei dem Protokollführer, der die Rednerliste führt, zu Wort zu melden.

§ 13 (Zur Geschäftsordnung)

Zur Geschäftsordnung muss das Wort jederzeit erteilt werden. Die Bemerkungen dürfen sich nur auf den zur Verhandlung stehenden oder unmittelbar vorher verhandelten Gegenstand beziehen.

§ 16 (Beschlussfähigkeit)

Der Ausschuss ist beschlussfähig, wenn bei der Beschlussfassung mehr als die Hälfte der gesetzlich vorgesehenen Zahl der Mitglieder anwesend und die Sitzung ordnungsgemäß einberufen ist.

§ 19 (Abstimmung)

Abgestimmt wird durch Handzeichen. Beschlüsse werden mit den Stimmen der Mehrheit der anwesenden Mitglieder gefasst, soweit die Satzung nichts anderes vorsieht. Bei Stimmengleichheit gibt die Stimme des Vorsitzenden den Ausschlag. Die Abstimmung erfolgt offen, soweit nicht die anwesenden Mitglieder anders beschließen.

§ 35 (Sitzungsprotokoll)

Über jede Sitzung des Ausschusses wird eine Niederschrift angefertigt (Sitzungsprotokoll). Der Vorsitzende ist für eine richtige Niederschrift der Verhandlungen verantwortlich. Der Vorsitzende und die Ausschussmitglieder können in der Sitzung nach Verteilung des Sitzungsprotokolls eine Berichtigung verlangen. Die Sitzungsprotokolle werden an die Ausschussmitglieder verteilt.

Die Arbeitsunterlagen

Als Protokollführer müssen Sie sich auf die Sitzung vorbereiten. Sie benötigen die Tagesordnung und alle in der Tagesordnung aufgeführten Unterlagen. Arbeiten Sie diese Unterlagen durch, unterstreichen Sie dabei alle Ihnen unbekannten Begriffe oder schwierige Namen und Fachwörter. Klären Sie die Ihnen unbekannten Begriffe und legen Sie sich für die schwierigen Wörter stenografische Kürzungen zurecht, wenn diese Wörter besonders häufig vorkommen sollten. Dabei hilft Ihnen ein stenografisches Wörterbuch.

Sie brauchen ferner eine **TEILNEHMERLISTE**, falls eine solche vor Beginn der Sitzung schon feststeht; ferner eine etwa feststehende **SITZORDNUNG**. Ihre Arbeit lässt sich bei Sitzungen mit einem kleineren Teilnehmerkreis dadurch erleichtern, wenn Sie veranlassen, dass für jeden Teilnehmer ein **AUFSTELLSCHILD** angefertigt wird, das er dann auf seinen Platz stellt. Der Name des Sitzungsteilnehmers sollte auf beiden Seiten des Aufstellschildes geschrieben werden, damit er von beiden Seiten lesbar ist und der Teilnehmer seinen Platz findet.

Ansteckschilder mit dem Namen der Teilnehmer helfen Ihnen nicht, da Sie die Anschriften aus größerer Entfernung meist nicht lesen können.

Bei größeren Versammlungen ist es üblich, dass sich die Redner zu Wort melden, zum Teil sogar schriftlich, und vom Sitzungsleiter unter ausdrücklicher Namensnennung das Wort erhalten. Bei Kongressen werden für die Teilnehmer mitunter besondere Vordrucke für Wortmeldungen ausgegeben.

Schließlich brauchen Sie alle **RECHTLICHEN UNTERLAGEN**, die während der Sitzung von Bedeutung sein können, z. B. eine Satzung, eine Geschäftsordnung, eine Wahlordnung sowie gesetzliche Unterlagen, z. B. das Betriebsverfassungsgesetz, das Personalvertretungsgesetz usw.

Platz des Protokollführers

Ihren Platz beim Protokollieren müssen Sie unter folgenden Gesichtspunkten auswählen:

1. Sie müssen den Verlauf der Sitzung gut beobachten können. Sie sollten möglichst alle Teilnehmer sehen können.

2. Sie müssen alles, was gesprochen wird, gut hören können. Bei der Protokollierung größerer Sitzungen benötigen Sie u. U. zusätzlich einen Tischlautsprecher. Lassen Sie ihn rechtzeitig montieren.

3. Sie sollten auch während der Sitzung beim Sitzungsleiter oder seinem Assistenten rückfragen können. Sie sollten also möglichst in seiner Nähe sitzen. Sie können dann möglicherweise schon während der Sitzung Zweifel klären. Sie können aber auch den Sitzungsleiter auf formelle Versehen aufmerksam machen, z. B. wenn versehentlich übersehen wurde einen Beschluss zu fassen.

4. Sie sollten beim Protokollieren genügend Platz haben, um gegebenenfalls in Sitzungsunterlagen vergleichen zu können.

Wie halten wir wichtige Punkte der Tagesordnung fest?

Notieren Sie von einer Verhandlung so viel wie nur möglich. Sie können vorher nicht ahnen, welche Punkte im Verlauf einer Verhandlung noch von Bedeutung sind und welche nicht. Bei der Abfassung des Protokolls können Sie je nach der Art des Protokolls dann u. U. kräftig kürzen.

Längere Referate. Notieren Sie längere Referate möglichst wörtlich, falls davon keine schriftliche Fassung vorliegt. Andernfalls besorgen Sie sich eine Kopie oder lassen Sie sie vor Sitzungsbeginn schnell noch anfertigen. Sie müssen aber während des Vortrags vergleichen, ob der Vortragende seine Ausführungen in wichtigen Punkten ändert, ergänzt oder kürzt. Im Protokoll darf nur die vom Redner mündlich vorgetragene Fassung erscheinen.

Die Kurzschrift hilft Ihnen. Stenografische Fertigkeiten nützen Ihnen beim Protokollieren. Sie können dann mehr wichtige Formulierungen festhalten und Beschlüsse schneller notieren, ohne dass deshalb der Ablauf der Sitzung verlangsamt wird. Bei einer Geschwindigkeit von 120 Silben können Sie schon vieles recht genau festhalten. Eine gute Hilfe sind für Sie eilschriftliche Kürzungen für wichtige allgemeine Begriffe über den Ablauf von Sitzungen.

Sollten Sie noch nicht stenografieren, aber regelmäßig Protokolle führen müssen, raten wir Ihnen, wenigstens die **NOTIZSCHRIFT** der Stenografie zu erlernen.

Papier für die Aufnahme. Für Ihre Notizen verwenden Sie am besten die in Diskussionen mit Praktikern entwickelte Vorlage (Aufnahmeblatt). Sie haben in der Mitte Platz für Ihre Notizen während der Sitzung.

In der linken Spalte vermerken Sie alles, was während der Sitzung wichtig erscheint:

- neuer Tagesordnungspunkt
- neuer Redner
- Beschlüsse, Anträge und Termine durch Großbuchstaben B, A, T
- durch Fragezeichen am Rand, was Sie in der Sitzungspause oder unmittelbar nach der Sitzung noch mit Sitzungsteilnehmern klären wollen (Namen, unklare Begriffe, Formulierungen u. Ä.)

Ein Muster mit eingetragenem Stenogramm finden Sie auf Seite 65. Das Muster auf Seite 66 können Sie für Ihre Übungen kopieren, sofern Sie auch den Herkunftsvermerk am Fuß des Musters kopieren.

In der rechten Spalte können Sie später den endgültigen Text des Protokolls ausarbeiten. Verwenden Sie hierzu ebenfalls die Kurzschrift.

Sitzspiegel. Falls keine feste Sitzordnung besteht, legen Sie sich auf einem besonderen Blatt einen Sitzspiegel an, auf dem Sie schon vor Beginn der Sitzung alle Ihnen bekannten Teilnehmer eintragen sollten. Unbekannte Redner müssen Sie notfalls während der Sitzung auf dem Aufnahmeblatt durch ein auffallendes Charakteristikum kennzeichnen (den einzigen Vollbartträger z. B. mit "Vollbart", die einzige Dame mit "Dame" oder "Frau", den einzigen Herrn mit Rollkragenpullover mit "Rolli" usw.)

Später müssen Sie dann die Namen erfragen, am besten von den Sitzungsteilnehmern selbst aufschreiben lassen, damit Sie auch die genaue Schreibung erhalten. Sitzungsteilnehmer pflegen dem Protokollführer gegenüber hilfsbereit zu sein, besonders wenn es darum geht, mit eigenen Ausführungen im Protokoll festgehalten zu werden.

Nicht am Papier sparen. Beginnen Sie bei einem neuen Tagesordnungspunkt eine neue Zeile auf dem Aufnahmeblatt. In die linke Spalte schreiben Sie die Nummer des Tagesordnungspunktes und kreisen Sie sie ein:

① ②

Verwenden Sie für einen neuen Redner stets eine neue Zeile (Namen in der linken Spalte anführen).

Für wichtige **REDNERNAMEN** sollten Sie Kürzungen oder Abkürzungen bereit haben. Verwenden Sie nur die ausgeschriebene oder die gekürzte Form; mit Zahlen, Kreuzen und anderem "Hausgemachten" kommen Sie bald durcheinander.

Beispiel: Überflüssiges weglassen

Dr. Müller:

So ein Quatsch! Verzeihen Sie, meine Damen und Herren, ich meine natürlich, das stimmt doch überhaupt nicht. Ich darf Ihnen hier einen, wie ich meine, sehr wichtigen Vorschlag unterbreiten. Wir sollten diesen Leutchen endlich den Zahn ziehen, dass unsere Anlagen nur für die ganz Großen infrage kommen. Dies ist nämlich der springende Punkt: Unsere Anlagen sind durchaus wichtig auch und gerade für die Kleinen und für Betriebe mittlerer Größenordnung. Und natürlich vor allem dies muss hier berücksichtigt werden: Dass unsere Anlagen von der Kostenseite her für Betriebe jeglicher Größe interessant, also auch für die Kleinen erschwinglich sind. Dies ist genau der Punkt, an dem wir alle jetzt anzusetzen haben.

Protokolltext:

<u>*Herr Dr. Müller*</u> *hält es für notwendig, Klein- und Mittelbetrieben klarzumachen, dass unsere Anlagen auch für sie erschwinglich seien.*

Tipps für die Protokollaufnahme

Wichtiges und Unwichtiges. Streichen Sie wichtige Ausführungen eines Redners am Rande an. Besonders wichtig sind ZUSAMMENFASSUNGEN *("Ich fasse noch einmal zusammen: ...")*

Die Entscheidung darüber, was wichtig und unwichtig ist, beruht auf Erfahrung, die man besonders nach längerer Protokolliertätigkeit in einem bestimmten Bereich erwirbt.

ANTRÄGE und BESCHLÜSSE müssen Sie in jedem Fall wörtlich festhalten. Wichtig sind ferner REFERATE und GRUNDSATZERKLÄRUNGEN.

Weglassen sollten Sie alle Ausführungen eines Redners, mit denen er Zeit zu gewinnen sucht: Anreden, Wiederholungen, Füllwörter, Witze, Überleitungssätze ("Das war also das, ich komme nun zu einem weiteren Punkt."). Auch der Dank am Schluss einer längeren Rede ist für das Protokoll überflüssig.

Kontroverse Äußerungen, Angriffe, Beleidigungen u. Ä. müssen Sie so sorgfältig wie nur möglich notieren. Haben solche Angriffe etwa zur Folge, dass der Vorsitzende einen Redner rügt (zur Ordnung ruft), dass ein oder mehrere Teilnehmer die Sitzung verlassen, müssen Ihre entsprechenden Ausführungen im Protokoll so genau wie möglich sein.

Vorgänge während der Sitzung. Außer in Wortprotokollen werden nur in sehr ausführlichen Protokollen Vorgänge während der Sitzung (z. B. Beifall, Missfallenskundgebungen, Zurufe usw.) festgehalten. Verwenden Sie die linke Spalte des Aufnahmeblattes auch für solche Anmerkungen.

Eröffnung der Sitzung und Schluss. Dass der Vorsitzende die Sitzung eröffnet und oft mit einem Dank an die Teilnehmer schließt, nachdem es vorher keine weiteren Wortmeldungen gegeben hat, ist selbstverständlich. Falls entsprechende Vermerke im Protokoll nicht ausdrücklich gewünscht werden, lassen Sie sie weg. Sie entlasten damit diejenigen, die mit dem von Ihnen gefertigten Protokoll arbeiten müssen.

Zum Thema Tonaufnahmen

Tonaufnahmen können eine wertvolle Hilfe bei der Protokollierung sein. Die Einsicht, dass ein Protokoll nicht allein aufgrund von Tonträgeraufnahmen angefertigt werden kann, ist heute weit verbreitet. Je ausführlicher ein Protokoll sein soll, umso mehr Unterstützung kann eine Tonaufnahme bieten. Für Kurzprotokolle und Ergebnisprotokolle sind Tonaufnahmen kaum empfehlenswert, da allein das erneute Durchhören der Aufnahme zu viel Zeit erfordert.

Rechtslage beachten. Ehe Sie Tonaufnahmen zur Unterstützung der Protokollierung einsetzen, müssen Sie prüfen, ob solche Aufnahmen überhaupt zulässig sind. (Einzelheiten hierüber im Abschnitt 9, Seite 54.)

Tondokumente. Besondere zusätzliche Hilfe leistet eine Tonaufnahme als Tondokument für den genauen Text einer Rede oder eines Vortrags, für den genauen Wortlaut von Anträgen oder Beschlüssen.

Silbenverständlichkeit. Die Aufnahmegeräte (Tonbandgeräte, Kassettenrecorder, Diktiergeräte) sind seit ihrem Aufkommen ständig verbessert worden. Beachten Sie jedoch, dass die Aufnahmen nur gut verständlich sind, wenn die Redner ins Mikrofon sprechen oder überall im Sitzungsraum Mikrofone verteilt sind, um die verschiedenen Sprecher einzufangen. Nur nacheinander Gesprochenes lässt sich wiedererkennen. Reden mehrere Sprecher gleichzeitig, überlagern sich ihre Stimmen auf der Aufnahme. Besonders gute Aufnahme können Sie mit DAT-Recordern erzielen, auch wenn Redner weit entfernt vom Mikrofon sprechen.

Ganz besonders schwer hat es der Protokollführer, wenn mehrere Redner durcheinander sprechen. Beim Protokollieren müssen Sie dann versuchen, das Wesentliche zu erfassen. Wenn zur Unterstützung des Protokollierens eine Tonaufnahme gemacht wird, müssen Sie versuchen besonders die Ausführungen der Sprecher zu erfassen, die nicht ins Mikrofon sprechen. Sie können in den meisten Fällen damit rechnen, dass beim heutigen Stand der Technik die Ausführungen des Redners, der ins Mikrofon spricht, verständlich sind. Notieren Sie aber unbedingt den Namen dieses Redners, damit Sie die Tonaufnahme und Ihre Aufzeichnungen in Übereinstimmung bringen können. Notieren Sie möglichst auch die Uhrzeit.

Verhandlungsergebnisse zusammenfassen. Eine Tonaufnahme kann keine Vorgänge im Sitzungsraum festhalten. Der Verhandlungsleiter muss darauf achten, dass jeder Sprecher vor Beginn seiner Ausführungen seinen Namen deutlich auf den Tonträger spricht. Verhandlungsergebnisse muss der Verhandlungsleiter ausdrücklich zusammenfassen.

DAT-Recorder und Tonbandgeräte liefern eine bessere Tonqualität als Kassettenrecorder oder Diktiergeräte. Auch sind mit DAT-Recordern und Tonbandgeräten längere Laufzeiten (ohne Bandwechsel) möglich. Beachten Sie aber, dass bei einem Bandwechsel ein Teil der Verhandlung nicht aufgezeichnet wird. Deshalb sollten gegebenenfalls zwei Geräte zur Verfügung stehen.

Da Tonbandgeräte zur Unterstützung der Protokollaufnahme stark strapaziert werden, sollten Sie nur leistungsfähige, robuste Geräte und gutes Bandmaterial verwenden. Die besonders dünnen Tripelbänder und Kassetten mit 120 Minuten Laufzeit verwirren sich leicht im Gerät. Verwenden Sie nur Geräte mit Bandzählwerk und automatischer Tonaussteuerung.

Hohen Komfort auch für die Lokalisierung von gesprochenen Textstellen bieten die digitalen Aufzeichnungsmöglichkeiten der DAT-Recorder. Zusammen mit Datum und Uhrzeit der Aufnahme wird die Aufzeichnung minutengenau erfasst.

Formular zur Unterstützung des Protokollierens durch Bandaufnahmen

Sitzung: _____

Datum: _____

Band-Nr.: _____   *Spur:* _____   *Laufgeschwindigkeit:* _____

Uhrzeit	Bandzählwerk	Vorgang
		Eröffnung
		Genehmigung der TO
		Punkt 1
		Referat Müller
		Diskussion Schulze
		Neumann
		Neumann Antrag
		Hinterhuber
		Abstimmung
		Punkt 2

Hinweis: Aufeinander abgestimmte Digitaluhren zwischen Protokollführer und Techniker erleichtern die Arbeit. Der Techniker sollte möglichst auch die ersten Worte jedes Redners aufzeichnen. Verwenden Sie möglichst funkgesteuerte Uhren, die dann automatisch aufeinander abgestimmt sind.

Technik der Tonaufnahme

Die Tonaufnahme sollte möglichst von einem anderen Mitarbeiter als dem Protokollführer betreut werden. Dieser Mitarbeiter sollte auf einem **BESONDEREN FORMULAR** unter Angabe der Nummer des Bandzählwerks (zu Beginn der Sitzung auf "0" stellen) und der Uhrzeit wichtige Geschehnisse in der Sitzung (z. B. neue Redner, Beschlüsse, neue Tagesordnungspunkte) festhalten. Bei DAT-Recordern lassen sich in solchen Fällen Markierungen setzen.

Der Protokollführer sollte die Uhrzeiten solcher Ereignisse ebenfalls in seinen Unterlagen vermerken, um gegebenenfalls wichtige Stellen der Bandaufnahme lokalisieren zu können. **Bandzählwerke** sind nicht genormt. Es empfiehlt sich, eine **LISTE** für sein Gerät anzulegen, die angibt, welche Zeit das Bandzählwerk jeweils in einer Minute zurückgelegt hat. Auch mithilfe einer solchen Liste lassen sich gewünschte Stellen schneller lokalisieren.

Kennzeichnen Sie die Bänder durch **AUFKLEBER AUF DER BANDSPULE** mit dem Datum der Sitzung und der Uhrzeit der Aufnahme. Ein Vermerk auf der Kassettenhülle genügt nicht.

Achten Sie darauf, dass netzunabhängige Geräte über genügend Stromreserven für die voraussichtliche Dauer der Sitzung verfügen. Bei netzabhängigen Geräten sollten Stecker und Zuleitung zum Gerät so befestigt sein (notfalls mit Klebeband), dass sie von Sitzungsteilnehmern nicht herausgerissen oder beschädigt werden oder diese über solche Leitungen stolpern oder fallen können.

Einsatz von Laptops

Kurz- und Ergebnisprotokolle können Sie auch während der Sitzung mithilfe von Laptops erstellen, mit denen Sie jeweils nach einem Beschluss dessen Text festhalten. Laptops haben sich besonders bei schwierigen Einzelberatungen mit vielen Beschlüssen bewährt. Der Text des Protokolls kann gegebenenfalls schon am Schluss der Sitzung verabschiedet werden und die Sitzungsteilnehmer können die Ausdrucke mitnehmen. Besonders rationell arbeiten Sie, wenn Sie die Tagesordnung und mögliche Sitzungsunterlagen bereits gespeichert haben.

Die Anfertigung des Protokolls

Beginnen Sie nach Möglichkeit schon bald nach der Sitzung mit der Arbeit am Protokoll. Auch wenn Sie über gute Aufzeichnungen verfügen, möglicherweise unterstützt durch eine Tonaufnahme, haben Sie viele Vorgänge dann besonders gut im Gedächtnis.

Der Zeitbedarf

Für die Anfertigung eines **WORTPROTOKOLLS** wird bei einer Stunde Verhandlung eine Zeit von sechs Arbeitsstunden gerechnet; entsprechend hoch ist der Zeitaufwand bei einem Protokoll von großer Ausführlichkeit. Mitunter ist die Frist für die Anfertigung von Protokollen in rechtlichen Grundlagen vorgesehen.

Wer ein Protokoll rasch zu erhalten wünscht, sollte bedenken, dass der Protokollführer die Formulierungen bei einem **AUSFÜHRLICHEN PROTOKOLL** und bei einem **KURZPROTOKOLL** gut ausfeilen muss, wenn er seine Aufgabe objektiv und unparteiisch wahrnehmen soll. Bei einem **VERLAUFSPROTOKOLL** liegt die Schwierigkeit in der Zusammenfassung der Ausführungen, beim **KURZPROTOKOLL** in der logischen Zusammenfassung der oft ungeordnet in der Sitzung vorgebrachten Meinungen.

Mitarbeiter, zu deren regelmäßigen Aufgaben die Erstellung von Protokollen gehört, haben naturgemäß eine größere Routine als solche, die nur gelegentlich Protokolle erstellen. Wenn Protokolle direkt nach der Sitzung gewünscht werden, sollte der damit beauftragte Mitarbeiter möglichst nicht mit anderen Aufgaben belastet sein. Oft verschlingt selbst bei der Erstellung von Kurz- und Ergebnisprotokollen die Klärung von während der Sitzung unklar gebliebenen Fragen zusätzliche Zeit.

Der Entwurf

Entwerfen Sie den Protokollwortlaut zunächst stenografisch. Hierzu dient Ihnen die rechte Spalte des **Aufnahmeblatts**. Sondern Sie dabei alles Überflüssige aus. Der nächste Schritt besteht darin, einen Entwurf im Klartext zu schreiben und ihn schon wie das endgültige Protokoll zu gestalten. Kennzeichnen Sie ihn mit

Entwurf

zur Kenntnis der Sitzungsteilnehmer, Änderungswünsche bis spätestens ... erbeten, sonst wird Zustimmung vorausgesetzt.

Meist gibt es nur wenige oder gar keine Korrekturen. Dann brauchen Sie nur noch den Vermerk über den Entwurf zu löschen und gegebenenfalls die wenigen Korrekturen auszuführen.

Die endgültige Fassung muss einen Vermerk erhalten, dass das Protokoll rechtskräftig ist (vgl. Abschnitt 9). – Die Vermerke über den Entwurf und die Rechtskraft können Sie als Baustein speichern.

Zu Ihren weiteren Aufgaben kann es gehören, nach den jeweiligen Bestimmungen das endgültige Protokoll den Sitzungsteilnehmern zuzuleiten. Auch weitere Personen müssen u. U. das Protokoll ganz oder teilweise erhalten. Sie sollten in diesem Fall zusätzlich zum Protokollkopf die in Betracht kommenden Teile mit der Software kopieren.

4 Wir achten auf die äußere Form des Protokolls (Protokollrahmen)

Wie Briefe, so sollten auch Protokolle übersichtlich und ansprechend angeordnet sein. Während für die Gestaltung von Briefen im deutschen Normenwerk feste Regeln aufgestellt sind, gibt es für Protokolle keine Normvorschriften. Jedoch müssen Sie auch bei der Gestaltung von Protokollen die in der Norm DIN 5008 (*Schreib- und Gestaltungsregeln für die Textverarbeitung*) festgelegten Schreib- und Anordnungsregeln sinngemäß beachten. In der Praxis gibt es die unterschiedlichsten äußeren Formen von Protokollen.

In diesem Arbeitsheft finden Sie Muster für die Gestaltung aller Arten von Protokollen. Falls Sie einmal **WORTPROTOKOLLE** gestalten müssen, empfehlen wir Ihnen das Muster auf Seite 55. Für **VERLAUFS-, KURZ-** und **ERGEBNISPROTOKOLLE** können Sie den folgenden Protokollrahmen nutzen. Entsprechend dem Brief gibt es auch beim Protokoll den Protokollkopf, den Protokollkern und den Protokollschluss.

Beispiel für ein "Kombiniertes Beschluss- und Verlaufsprotokoll" auf A4-Blatt **ohne** Aufdruck

Büromaschinenwerke
Bruhner & Heysenfeldt
Brunnenstraße 20
00000 Irgendwo

(125,7 mm vom linken Blattrand = Grad 50)
....-10-16

(74,9 mm vom linken Blattrand = Grad 30)
Protokoll Nr. 23/..

Besprechung der Personalabteilung und der Abteilung Ausbildungsplanung

Thema: Aus- und Weiterbildung der Mitarbeiter

Zeit: ..-10-15, 10:00 - 10:30 Uhr

Ort: Kleiner Sitzungssaal

Teilnehmer: Dr. Bäkker (Personalabteilung)
Herr Kraemer (Abteilung Ausbildungsplanung)
Frau Scholze (Abteilung Ausbildungsplanung)
Frau Thomas (Personalabteilung)

Vorsitz: Dr. Bäkker

Protokollführung: Frau Adams (Personalabteilung)

Erläuterung des Beispiels

Bringen Sie alle notwendigen Angaben, von denen Sie im Folgenden erfahren, entsprechend dem Beispiel in eine Vorlage (Maske) und nutzen Sie die in vielen Textverarbeitungsprogrammen vorgegebenen Standardtabulatoren (im Abstand von 1,25 cm = etwa 5 Grad oder 2,5 cm = etwa 10 Grad). Geben Sie zunächst (wie bei einem Brief ohne Aufdruck) das Gremium – in diesem Fall eine Firma – an, dessen Verhandlungen Sie protokolliert haben, ferner das Datum, an dem Sie das Protokoll erstellen. Die Angabe des Gremiums ist vor allem dann wichtig, wenn das Protokoll an Teilnehmer aus verschiedenen Gremien verteilt wird, damit sie es zuordnen können.

Der Betreff ist in diesem Fall das Wort "Protokoll" oder "Kurzprotokoll" oder "Ergebnisprotokoll". Nummerieren Sie die Protokolle, die im Laufe eines Jahres anfallen. Wiederholen Sie diese Nummer auf jeder Folgeseite.

Geben Sie zunächst an, welche Einrichtung des jeweiligen Gremiums verhandelt hat und welcher Art die Verhandlung war, z. B. *Besprechung der Personalabteilung und der Abteilung Ausbildungsplanung, Sitzung des geschäftsführenden Vorstandes, Sitzung des Aufsichtsrates, Jahreshauptversammlung des Sekretärinnenklubs* usw.

Geben Sie dann am Rande die Leitwörter an (entsprechend der Bezugszeichenzeile oder dem Informationsblock des Briefes, jedoch hier senkrecht, an der Fluchtlinie beginnend). Es empfiehlt sich, diese Leitwörter auf jedem Protokoll zu wiederholen. Die Angaben selbst beginnen 74,9 mm vom linken Blattrand (= Grad 30).

Kürzere Protokolle (Ergebnisprotokolle, Beschlussprotokolle) können Sie engzeilig schreiben, längere Protokolle (Diskussionsteil von Verlaufsprotokollen) sollten Sie wegen der besseren Lesbarkeit 1,5-zeilig schreiben.

Thema. Hier finden Sie die Entsprechung zum Betreff des Briefes (die Angaben beginnen bei 74,9 mm vom linken Blattrand = Grad 30). Nennen Sie das Thema, falls in der Sitzung nur eines oder wenige Themen behandelt werden. Sonst verweisen Sie auf die Tagesordnung, deren Punkte im Protokollkern aufgeführt werden.

Zeit. Halten Sie das Tagesdatum sowie Beginn und Ende der Sitzung fest. Auch Sitzungsunterbrechungen müssen Sie hier verzeichnen.

Ort. Diese Angabe kann sich bei Besprechungen in Firmen erübrigen. Wo Besprechungen außerhalb des ständigen Sitzes der jeweiligen Institution stattfinden, sollte immer der Ort der Verhandlungen genau angegeben werden.

Teilnehmer. Führen Sie hier die Teilnehmer dann auf, wenn nur wenige an der Sitzung teilgenommen haben. Sonst verweisen Sie auf die Teilnehmerliste (als Anlage zum Protokoll).

Vorsitz. Hier müssen Sie angeben, wer die Sitzung geleitet hat. Falls der Sitzungsleiter eine Funktion in der jeweiligen Institution hat, müssen Sie auch diese angeben, z. B.

Präsident Müller
Direktor Fischer
Vorsitzender Meyer

Protokollführer. Der Name des Protokollführers (oder auch mehrerer Protokollführer bei längeren Sitzungen) sollte stets angegeben werden, um später in Zweifelsfällen rückfragen zu können.

Beispiel für "Besprechungsergebnisse"

(74,9 mm vom linken Blattrand = Grad 30)
Besprechungsergebnisse

1. In den Lehrgängen für Hard- und Software-Berater soll das Fach Kundenpsychologie eingeführt und von Frau Thomas unterrichtet werden.

2. Herr Steinebach von der Hauptschule soll mit Kursen zur Verbesserung der Rechtschreib- und Zeichensetzungskenntnisse der Mitarbeiterinnen und Mitarbeiter im Sekretariat beauftragt werden.

3. Herr Steinebach soll diese Mitarbeiter und Mitarbeiterinnen auch in Wirtschaftsenglisch unterrichten

T 4. Frau Thomas wird mithilfe von Frau Scholze bis zum ..-10-21 die Lehrgangsprogramme ausarbeiten.

T 5. Die Lehrgänge sollen Mitte Januar .. beginnen.

Erläuterung des Beispiels

Bei einem Verlaufsprotokoll empfiehlt es sich, die Besprechungsergebnisse in einer Art Beschlussprotokoll voranzustellen. Erst dann sollten in einem zweiten Teil wichtige Punkte aus der Diskussion angeführt werden. Führen Sie die Punkte der Tagesordnung auf oder gliedern Sie nach der Besprechung in Themen. – Schreiben Sie die Besprechungsergebnisse (wie auch ein Ergebnisprotokoll) mit einem breiten rechten Rand. Der freie Teil soll von den später mit dem Protokoll Arbeitenden für Vermerke (Aufträge, Erledigung, Termine usw.) genutzt werden können. Kennzeichnen Sie die Termine durch T am linken Rand. Der Teil des Protokolls, in dem die Diskussion wiedergegeben wird, wird mit normaler Randstellung geschrieben.

Es ist nicht zweckmäßig, die Tagesordnung dem Diskussionsteil voranzustellen und bei der Wiedergabe der Diskussion dann nur die Nummern der Tagesordnungspunkte anzuführen. Das bedingt notfalls ständiges Nachschlagen zum Beginn des Protokolls. Folgen Sie bei der Überschrift den Formulierungen der endgültig beschlossenen Tagesordnung (vgl. Abschnitt 8). Hat die Besprechung formlos – ohne eine vorher festgelegte Tagesordnung – stattgefunden, gliedern Sie das Verlaufsprotokoll durch Einfügen der von Ihnen formulierten Themen (falls mehrere Themen behandelt worden sind). Bei einem reinen Verlaufsprotokoll entfällt die Überschrift "Aus der Diskussion".

Beispiel für "Aus der Diskussion" und Folgeseite

(100,3 mm vom linken Blattrand = Grad 40)
und 151,1 mm vom linken Blattrand = Grad 60)

– 2 –   Protokoll 23/..

(74,9 mm vom linken Blattrand = Grad 30)
Aus der Diskussion

1. Kundenpsychologie für Hard- und Software-Berater

Dr. Bäkker gefällt das Ausbildungs- und Weiterbildungsprogramm für die Mitarbeiter nicht mehr. Es sei veraltet und nicht mehr auf dem neuesten Stand.

Frau Thomas stimmt ihm zu. Die Hard- und Software-Berater würden noch so ausgebildet wie vor 10 Jahren.

Erläuterung des Beispiels

Bei Fortsetzungsblättern verfahren Sie nach den DIN-Regeln über Seitennummerierung und Hinweis auf Folgeseiten (vgl. Sie hierzu DIN 5008, Abschnitte 12.14 und 12.15). Die Seitenzahlen werden also von zwei Gedankenstrichen eingeschlossen. Der vordere Gedankenstrich beginnt bei 100,3 mm vom linken Blattrand (= Grad 40). Mit Beginn bei 151,1 mm (= Grad 60) wird auf jeder Seite zusätzlich der Hinweis auf ein Protokoll mit Nummer gegeben.

Am Fuß der Seite weisen Sie auf die Folgeseite durch 3 Punkte am rechten Rand hin, wobei der Abstand zwischen Textende und den 3 Punkten mindestens eine Leerzeile beträgt.

Den Kopf und Fuß von Folgeseiten können Sie zusammen mit der Vorlage für die erste Seite des Protokolls speichern und die Seitenzählung automatisch ausführen lassen.

Heben Sie Redner durch Unterstreichen hervor (besser als Großbuchstaben, da längere Namen schwer lesbar sind). Die Hervorhebung durch Fetten fällt im zusammenhängenden Text nicht so gut auf wie die Hervorhebung durch Unterstreichen. Die Unterstreichung fällt auch auf, wenn Sie in einem Absatz die Ausführungen mehrerer Redner bringen. Haben Sie längere Ausführungen eines Redners wiederzugeben, gliedern Sie sie durch Absätze. Sie müssen dann bei Rednerwechsel zwei Leerzeilen einfügen. Haben Sie alle Ausführungen so knapp zusammengefasst, dass je Redner nur ein Absatz notwendig ist, genügt es, eine Leerzeile zwischen den Absätzen einzugeben.

Beispiel für den Schluss eines Protokolls

5. Beginn der Lehrgänge

Herr Kraemer setzt sich für den Beginn der Lehrgänge Mitte Januar ein.

Dr. Bäkker und Frau Scholze stimmen dem zu.

Der Entwurf des Protokolls lag den Teilnehmern an der Besprechung vor und wurde von ihnen im Umlaufverfahren ohne Änderung genehmigt.

Dr. Bäkker als Vorsitzender

Frau Adams als Protokollführerin

Anlagen
Vorläufiger Lehrgangsplan (Anlage 1)
Vorläufiger Stoffverteilungsplan (Anlage 2)

Verteiler
Sitzungsteilnehmer
Herr Müller (Abt. 4)

Erläuterung des Beispiels (auf Seite 26)

Am Schluss des Protokolls sollten Sie den **GENEHMIGUNGSVERMERK** schreiben. Der Vorsitzende und der Protokollführer müssen das Protokoll unterzeichnen. Wiederholen Sie den Namen maschinell und geben Sie dabei die Funktion in der Sitzung an. Haben mehrere Vorsitzende die Sitzung geleitet, müssen alle das Protokoll unterzeichnen.

Verteiler. Erhalten das Protokoll außer den Sitzungsteilnehmern ganz oder teilweise andere Personen, müssen Sie diese am Schluss des Protokolls aufführen.

Anlagen zum Protokoll. Hier können Sie längere Teilnehmerlisten aufführen. Hier ist auch Platz für die Wiedergabe von weiterem Material, etwa für Erklärungen von nicht anwesenden Mitgliedern usw. Nummerieren Sie die Anlagen durch.

Ergebnisprotokoll. Der Kopf, der Ergebnisteil und der Schluss des hier als Beispiel gezeigten Verlaufsprotokolls bilden ein Ergebnisprotokoll. Verwenden Sie in diesem Fall zur eindeutigen Kennzeichnung als Betreff das Wort "Ergebnisprotokoll".

Kurzprotokoll

Für die Gestaltung von Kurzprotokollen (sachbezogen, logisch und nicht unbedingt nach dem Ablauf gegliedert) verweisen wir auf das folgende Muster. Lassen Sie wie beim Ergebnisprotokoll auch hier im Protokollkern einen breiten Schlussrand für Bearbeitungs- und Erledigungsvermerke.

Beispiel für ein Kurzprotokoll

(125,7 mm vom linken Blattrand)

Büromaschinenwerke   ....-10-16
Bruhner & Heysenfeldt
Brunnenstraße 20
00000 Irgendwo

(74,9 mm vom linken Blattrand)
Kurzprotokoll Nr. 23/..
Besprechung der Personalabteilung und der Abt. Ausbildungsplanung

Thema:	Aus- und Weiterbildung der Mitarbeiter
Zeit:	..-10-15, 10:00 – 10:30 Uhr
Ort:	Kleiner Sitzungssaal
Teilnehmer:	Personalabteilung: Dr. Bäkker, Frau Thomas
	Abt. Ausb.-Planung: Herr Kraemer, Frau Scholze
Vorsitz:	Dr. Bäkker
Protokollführung:	Frau Adams (Personalabteilung)

1. Kundenpsychologie für Hard- und Software-Berater

Das Aus- und Weiterbildungsprogramm für die Mitarbeiter wird als veraltet bemängelt. Den Hard- und Software-Beratern fehlten Kenntnisse in der Kundenpsychologie. In den Lehrgängen für Hard- und Software-Berater soll das Fach Kundenpsychologie unterrichtet werden. Den Unterricht übernimmt Frau Thomas.

2. Deutschkurse für Mitarbeiterinnen und Mitarbeiter des Sekretariats

Aufgrund von Klagen über mangelnde Deutschkenntnisse der Mitarbeiterinnen und Mitarbeiter im Sekretariat wird Herr Steinebach von der Hauptschule für die Leitung eines Kurses zur Verbesserung der Rechtschreib- und Zeichensetzungskenntnisse der Mitarbeiter vorgeschlagen. Mit Herrn Steinebach soll Herr Kraemer Kontakt aufnehmen.

3. ...

Der Entwurf dieses Protokolls lag den Teilnehmern an der Besprechung vor und wurde von ihnen im Umlaufverfahren ohne Änderung genehmigt.

Dr. Bäkker als Vorsitzender

Frau Adams als Protokollführerin

Die Teilnehmerliste

Nehmen an einer Sitzung nur wenige Teilnehmer teil, führen Sie sie im Protokollkopf auf. Bei größeren Veranstaltungen empfiehlt es sich, eine Teilnehmerliste dem Protokoll als Anlage beizufügen und darauf im Protokollkopf hinzuweisen. Sie können hierfür u. U. die Kopie einer Liste verwenden, in die sich die Teilnehmer selbst eingetragen haben (sofern alle Namen leserlich sind).

Reihenfolge. Sie können die Teilnehmerliste alphabetisch anlegen, wobei Sie DIN 5007 "Ordnen von Schriftzeichenfolgen (ABC-Regeln)" beachten müssen. Sie können die Liste aber auch nach der RANGFOLGE der Teilnehmer anlegen, wobei sich bei gleichem Rang wiederum die alphabetische Reihenfolge empfiehlt. Außer den Namen der Sitzungsteilnehmer brauchen Sie u. U. weitere Angaben (Anschrift, Funktion in der Sitzung usw.)

Wo Versammlungen mit einem genau feststehenden Teilnehmerkreis tagen, wird mitunter statt einer Anwesenheitsliste ein Verzeichnis der erkrankten, beurlaubten oder entschuldigten Mitglieder dem Protokoll beigefügt.

Rednerköpfe

Die Bezeichnung der Redner macht in der Praxis mancherlei Schwierigkeiten. In dem jeweiligen Unternehmen, Verband oder einer politischen Institution bestehen z. T. feste Vorschriften. Vor allem wird sehr unterschiedlich bei Titeln zum Namen verfahren. Mindestens erforderlich sind folgende Zusätze: Kennzeichnung des Sitzungsleiters (von zwanglosen Besprechungen abgesehen) mit seiner jeweiligen Bezeichnung:

Präsident Dr. Peter Müller
Vizepräsident Joachim Steiner
Vorsitzender Rainer Althammer
Stellvertretender Vorsitzender Karl Huber

Bei einem **VERLAUFSPROTOKOLL** sollten diese Bezeichnungen nur aufgeführt werden, wenn die Betreffenden die Sitzung leiten, nicht wenn sie sonst das Wort ergreifen. Der Doktorgrad gehört zum Namen und muss mit angeführt werden:

Frau Marlene Müller
Herr Dr. Uwe Heinzelmann

Vielfach werden Herren ohne Doktortitel mit dem Zusatz "Herr" bezeichnet:

Herr Frank Sommer

Statt Zusätzen wie "Frau" oder "Herr" bürgert es sich immer mehr ein, den Rednerkopf durch Vor- und Familiennamen zu bezeichnen und gegebenenfalls zusätzlich die Funktion anzuführen, also

Angelika Müller
Dr. Heinz Sommer

Nach dem Namen können Sie weitere Funktionen angeben, meist in Klammern oder in Kommas, gelegentlich auch schon bei Abkürzungen ohne Satzzeichen, z. B. einen Titel, eine Abteilung usw., einen Ort, eine Institution. Vielfach erübrigen sich aber solche Zusätze, wenn sie in der Anwesenheitsliste angeführt worden sind. Bei längeren Protokollen erleichtern die Zusätze vor allem die auszugsweise Lektüre:

Dr. Stefan Müller (Mannheim)
Frau Karin Becker, Verband dt. Protokollführer
Herr Paul Wiedemann (PA 4)

Protokollvordrucke erleichtern Ihnen die Arbeit. Bewährt hat sich z. B. der Vordruck auf Seite 29, den Sie für Ihre Zwecke abgewandelt als Vorlage speichern können, mit der Sie dann mit dem Laptop sogar während der Sitzung arbeiten können. Ein Muster dieser Seite und einer Fortsetzungsseite finden Sie auf den Seiten 67 und 68. Sie dürfen diese Seiten für Übungszwecke kopieren, sofern Sie den Vermerk am Fuß der Seiten mitkopieren.

	Protokoll-Nr.				
	Protokollführer	Abteilung	Datum	Protokoll-Nr.	Seite
	Sitzungstag und -dauer		Sitzungsort		
	Teilnehmer		Verteiler		
	Thema			Erledigung durch:	

Fortsetzungsseiten. Für Fortsetzungsseiten genügt die oberste Spalte des Vordrucks. Das Wort "Protokoll" könnte am linken Rand in der üblichen Schriftgröße stehen.

Prüfen Sie, ob Ihr Textverarbeitungsprogramm Hilfen für die Einladung von Sitzungen oder gar für die Erstellung von Protokollen bietet. In den Textverarbeitungsprogrammen "Word für Windows" finden Sie den Agenda-Assistenten. Seinen Namen hat er vom englischen Wort für Tagesordnung (= the agenda) bezogen. Im Deutschen wird das Fremdwort im Sinn eines Merkbuchs oder im Sinn einer Liste von Gesprächs- oder Verhandlungspunkten verwendet. (Verwechseln Sie damit nicht "die Agende", die kirchliche Ordnung des Gottesdienstes.)

Sie finden den Weg zum Agenda-Assistenten, indem Sie unter "Datei" die Option "Datei neu" wählen. Über Dialogboxen werden Sie durch die Möglichkeiten des Assistenten geführt. Sie können unter 3 Stilarten wählen. Nach jedem Fenster arbeiten Sie sich mit *Weiter >* voran.

In einem der Fenster können Sie außer den Tagesordnungspunkten auch den oder die jeweils Verantwortlichen für diesen Punkt eintragen, außerdem die für die Behandlung vorgesehene Zeit. Das Programm berechnet dann, von der Zeit des Sitzungsbeginns ausgehend, selbstständig die für den jeweiligen Punkt erforderliche Zeit. Mit diesem Verfahren können Sie in der Einladung für einen genau abgesteckten Zeitrahmen sorgen, der dann freilich von den Sitzungsteilnehmern eingehalten werden muss.

Zusätzlich zur Einladung erstellt das Programm auf Wunsch einen Protokollvordruck mit Kästen zu jedem einzelnen Tagesordnungspunkt. Im Kopf eines jeden Kastens steht der entsprechende Tagesordnungspunkt. Je Tagesordnungspunkt stehen dann einige Zeilen zur Verfügung, die die Stichworte "Diskussion, Schlussfolgerungen, zu erledigen, verantwortlich, Termin" enthalten. Jeder Sitzungsteilnehmer kann sich auf diesem Vordruck seine eigenen Vermerke machen. Der Protokollführer kann Ergebnisse knapp handschriftlich festhalten (gegebenenfalls auch in Kurzschrift) und alle Teilnehmer können sich anschließend eine Kopie des Protokolls mitnehmen.

Der Agenda-Assistent besticht durch die Verbindung von Einladung und vorher mit an die Teilnehmer übersandtem Protokollvordruck. Probieren Sie, welche der möglichen Angebote für Sie am günstigsten sind.

5 Wir wiederholen: Übungen und Aufgaben

Protokollarten

1. Für die Beratungen in den Parlamenten von Bund und Ländern sind _____protokolle vorgeschrieben. Sie werden von Verhandlungsstenografen erstellt und heißen deshalb auch _____ Berichte. In diesen _____protokollen werden auch alle anderen _____ während der Sitzung festgehalten, z. B. _____rufe, _____fall oder auch _____fallen.

2. Protokolle, die den Sitzungsverlauf chronologisch wiedergeben, heißen _____protokolle oder _____ Protokolle oder stenografische _____.

   Es gibt zwei Typen von _____protokollen:

   a) Die Sprecher werden mit _____ genannt.

   b) Der _____ Sprecher wird _____ angegeben, höchstens umschrieben.

3. Ein _____protokoll enthält außer den _____ nur die wichtigsten Angaben darüber, wie die _____ zustande gekommen sind. Die _____ der Diskussionsredner werden gewöhnlich nicht angegeben. Das _____protokoll wird nach _____ Gesichtspunkten gegliedert; es braucht nicht dem _____ zu folgen.

4. Wenn nur die Verhandlungsergebnisse knapp zusammengefasst sind, spricht man von einem _____protokoll.

5. Beschlüsse müssen jedoch bei allen Protokollarten stets _____ festgehalten werden.

Informationen zur Vorbereitung auf die Sitzung

6. Das Einladungsschreiben soll mindestens enthalten: a) Teilnehmerkreis; b) _____, c) Uhrzeit, d) _____, e) _____.

7. Die Themen, über die beraten werden soll, sind in einer _____ festgelegt (Abkürzung: _____). Die Sitzung wird normalerweise in der Reihenfolge dieser _____ abgewickelt.

8. Die verschiedenen Formen der Zusammenarbeit in einem bestimmten Gremium sind in einer _____ geregelt. (Abkürzung: _____)

Protokolliertechnik

9. Das Aufnahmeblatt wird zweckmäßig in drei Spalten unterteilt:

   a) _____; b) _____; c) _____.

10. Falls die Sitzordnung nicht festgelegt ist, sollte der _____ auf einem besonderen Blatt einen _____ anlegen.

11. Alle Ausführungen des Redners, mit denen er nur Zeit zu gewinnen sucht, sollten Sie schon bei der Aufnahme _____. Dagegen müssen Sie alle _____ Äußerungen (z. B. Angriffe oder Beleidigungen) _____.

Anfertigung des Protokolls

12. Von der Aufnahme bis zur endgültigen Fassung können sich für den Protokollführer folgende Arbeiten ergeben:

    a) Protokollwortlaut in der _____ Spalte des Aufnahmeblattes entwerfen.

    b) _____ im Klartext schreiben und an die _____ verteilen.

    c) _____ Fassung schreiben und mit dem _____ versehen, dass das Protokoll _____ ist.

    d) Das endgültige Protokoll den _____ zuleiten.

Äußere Form des Protokolls

13. Schreiben Sie die Einladungsschreiben (Empfänger nach Ihrer Wahl) normgerecht auf ein A4-Blatt a) mit, b) ohne Aufdruck:

    Am Freitag, 29. November 20.., um 20:00 Uhr findet im Sitzungszimmer Nr. 204 (2. OG) des Rathauses, Marktplatz 1, die Sitzung des Liegenschaftsausschusses der Stadt 00000 Waldhausen statt. Tagesordnung: 1. Grundstücksangelegenheiten, 2. Verschiedenes, Wünsche und Anfragen. Waldhausen, 14. Nov. 20.., Stadtverwaltung, gez. Neumann, Bürgermeister

14. Der Bund deutscher Protokollführer (BDPF) mit dem Sitz in Bad Wunderschön, Postfach 0 00, Telefon und Fax (00 00) 00 00 00, will am 29. April 20.. seine Mitgliederversammlung abhalten. Zu der Versammlung, die im Kleinen Saal der Stadthalle von Großstadt stattfinden soll, lädt Präsident Fritz Fleißig ein.

    Außer einer Begrüßung sind Tätigkeitsberichte des Vorstandes und der Ausschüsse und Berichte des Schatzmeisters und der Rechnungsprüfer vorgesehen, bevor der Bundesvorstand entlastet werden muss.

    Danach steht der Haushaltsplan zur Erörterung an. Weiter soll ein Antrag auf Abhaltung einer jährlichen Fortbildungstagung beraten werden, den der Landesverband Hessen eingebracht hat. Außerdem ist darüber zu beschließen, ob der Bund am Internationalen Protokollführerkongress (INTERPROTO) im kommenden Jahr in Oslo teilnehmen soll. Schließlich ist der Ort der kommenden Mitgliederversammlung festzulegen. – Beginn der Versammlung: 09:30 Uhr.

    Schreiben Sie das Einladungsschreiben auf ein Briefblatt A4 ohne Aufdruck.

15. Verfassen Sie ein Rundschreiben an alle Haushaltungen in Stockhausen:

    Der Landesvorsitzende der XYZ-Partei, Dr. Heribert Sauerwein, wird am 3. Oktober 20.. Stockhausen besuchen und ab 17:30 Uhr eine Pressekonferenz geben. Themen: Umweltschutz, Verkehrsprobleme, Lärmbelästigung.

Die Pressekonferenz wird vom Bezirksvorsitzenden Rudolf Althammer geleitet. Die Bürger von Stockhausen und Umgebung sind herzlich eingeladen.

16. Die Pressekonferenz (vgl. Aufgabe 15) hat stattgefunden. Sie haben (als Sekretärin des Bezirksvorsitzenden Althammer) protokolliert. Schreiben Sie den Protokollkopf auf ein A4-Blatt ohne Aufdruck.

17. Die Tagespresse berichtet:

    Bund der Ruhestandsbeamten und Hinterbliebenen unter neuer Führung

    Nachdem Wilhelm Bauer als Kreisverbandsvorsitzender zurückgetreten und sein Vertreter, Waldemar Schöne, bat ihn ebenfalls von seinem Amt zu entbinden, waren Neuwahlen notwendig. Die Neuwahlen fanden am 5. Februar 20.. anlässlich der Februarversammlung im Klubheim des TV 1888 Burghausen statt. Als neuer Kreisverbandsvorsitzender wurden der Amtsrat a. D. Heinrich Wohler und als Vertreter der Amtsrat a. D. Ludwig Ringeling, beide aus Burghausen, einstimmig gewählt. Ferner wurden Hermine Traurig und Peter Kindermann als Rechnungs- und Kassenprüfer einstimmig gewählt.

    a) Schreiben Sie die Einladung (A4 ohne Aufdruck).

    b) Schreiben Sie von diese Versammlung ein vollständiges Ergebnisprotokoll.

18. Der Zentralverband für Textverarbeitung hält am 23. Mai .... seinen Jahreskongress in Bad Tannengrün ab. Der Kongress beginnt um 09:30 Uhr im Festsaal des Kurhauses. Nach der Eröffnung des Jahreskongresses sollen zunächst die Ehrengäste begrüßt werden. Dann werden die Stimmberechtigungen festgestellt. Der Präsident, die Ausschussvorsitzenden und der Bundesjugendleiter werden die Tätigkeitsberichte abgeben. Weiter muss der Schatzmeister seinen Bericht erstatten, woraufhin die Rechnungsprüfer den Kassenprüfungsbericht vortragen. Über alle Berichte kommt es dann zu einer Aussprache.

    Der Jahreskongress hat weiter den Vorstand und die Rechnungsprüfer neu zu wählen. Davor müssen allerdings der bisherige Vorstand entlastet und ein Wahlleiter bestellt werden. Zu dem Tagesordnungspunkt "Festsetzung des Jahresbeitrags" liegen Anfragen des Vorstandes und des Landesverbandes Sachsen auf Erhöhung der Beiträge vor. Von dem Abstimmungsergebnis wird die Beschlussfassung über den Haushaltsplan des Zentralverbandes abhängen. Weiter sind Anträge zur Ausweitung der Aktivitäten des Verbandes sowie zur Zusammenarbeit mit Verbänden mit ähnlichen Aufgabengebieten zu beraten. Themen von geringerer Bedeutung sollen unter dem Tagesordnungspunkt "Verschiedenes" behandelt werden. Zum Schluss ist der Ort des nächsten Jahreskongresses zu bestimmen, wofür der Vorstand Mittelstadt vorschlägt. Zum Jahreskongress lädt die Präsidentin Monika Flink ein.

    An dem Kongress nahmen als Ehrengäste Staatssekretär Franz Wach vom Wirtschaftsministerium des Landes ..., der Präsident des Deutschen Stenografenbundes Heiner Schnell sowie Oberbürgermeister Arnold Weil, Bad Tannengrün, teil. Sie alle unterstrichen in Grußworten die Bedeutung der Textverarbeitung und den Einsatz des Zentralverbandes für die Fortschritte auf seinem Arbeitsgebiet.

    325 stimmberechtigte Delegierte aus 16 Landesverbänden nahmen an dem Kongress teil. Nach den Berichten kam es zu einer lebhaften Aussprache über den Stand der Normung auf dem Gebiet der Textverarbeitung und über technische Fortschritte durch neue Programme. Eine stärkere Einflussnahme auf die Beratung in den zuständigen Normenausschüssen wurde verlangt. Der Kassenbericht zeigte deutlich, dass der Zentralverband ohne zusätzliche Mittel keine noch wirksamere Arbeit leisten kann. Zu beanstanden gab es freilich an der Führung der Kassengeschäfte nichts. Die Kassenprüfer bestätigten dies ausdrücklich dem Schatzmeister Hans Mark.

    Für die Neuwahlen wurde der Ehrenvorsitzende Herbert Alt zum Wahlleiter bestellt. Er dankte vor Beginn der Wahlgänge dem scheidenden Vorstand für die Arbeit in den letzten drei Jahren. Alle bisherigen Vorstandsmitglieder kandidierten erneut und wurden mit großer Mehrheit in ihren Ämtern bestätigt. So stehen nach wie vor an der Spitze des Zentralverbandes als Präsidentin Monika Flink, als Vizepräsident Karl Taste, als Schatzmeister Hans Mark, als Schriftführerin Erna Graf und als Bundesjugendleiter Daniel Jung.

    Der Jahresbeitrag wurde auf Antrag des Bundesvorstandes mit einer Mehrheit von 230 Stimmen gegen 70 Stimmen bei 25 Enthaltungen um 20 % erhöht. Vorher war mehrheitlich ein Antrag des Landesverbandes Sachsen abgelehnt worden, den Beitrag gar um 35 % zu erhöhen. Auf der Grundlage des neuen Beitrags wurde dann der Haushaltsplan einstimmig beschlossen.

    Die Anträge zur Ausweitung der Aktivitäten des Verbandes sowie zur Zusammenarbeit mit Verbänden mit ähnlichen Aufgaben wurden an den Vorstand überwiesen, der hierzu Beschlussvorlagen für den Jahreskongress .... erarbeiten soll. Beim Punkt "Verschiedenes" wurden Probleme zur Sprache gebracht, die bei der Arbeit der Geschäftsstelle aufgetreten waren und von verschiedenen Delegierten heftig kritisiert wurden.

    a) Schreiben Sie die Einladung. Vergessen Sie nicht auf Beratungsunterlagen bei den entsprechenden Tagesordnungspunkten hinzuweisen.

    b) Schreiben Sie ein Ergebnisprotokoll.

6 Wir beachten die sprachlichen Grundsätze für die Abfassung von Protokollen

"Eine Rede sei keine Schreibe", lautet eine bekannte Redensart. Für das gesprochene Wort gelten andere Grundsätze als für das geschriebene. Beim Protokollieren sollen Sie Gesprochenes in die "Schrift"-Sprache umsetzen. Bei einem **WORTPROTOKOLL** muss die gesprochene Sprache in geschriebene **UMREDIGIERT** werden – eine wichtige Aufgabe der Parlaments- und Verhandlungsstenografen.

Bei den anderen Protokollarten bedenken Sie, dass Sie als objektiver und unparteiischer Protokollführer ein Dokument abfassen, das sprachlich einwandfrei gestaltet sein muss. Der Protokollführer muss also stillschweigend alle möglichen sprachlichen Pannen beheben. Ein Protokoll ist weder ein dichterisches Kunstwerk noch das Drehbuch für ein umgangssprachliches Fernsehspiel. Es soll in der Wortwahl und im Satzbau dem normalen Sprachgebrauch entsprechen, soll also weder gehobene Sprachelemente noch Elemente der Umgangssprache oder des Dialekts enthalten. Das Protokoll muss aber den Anforderungen an die **FACHSPRACHE** des jeweils protokollierten Gebietes entsprechen.

Darstellungszeit (Tempus)

Der Leser eines Protokolls soll den Eindruck haben, dass er an der Sitzung teilnimmt. **VERHANDLUNGSPROTOKOLLE** werden deshalb (im Gegensatz zu Aktenvermerken, die Vorgänge in der Vergangenheit behandeln) in der **GEGENWART** (im **PRÄSENS**) abgefasst. Wenn Sie ein Protokoll in der Vergangenheit (im **PRÄTERITUM** oder **IMPERFEKT**) abfassen, bekommen Sie Schwierigkeiten, Sachverhalte richtig darzustellen, die in der Zeit vor der Sitzung stattgefunden haben.

Frau Altmann macht geltend, dass der Betriebsrat über dieses Problem schon beraten habe.

Hier ist klar, dass Frau Altmann in der Sitzung geltend macht, dass die Beratungen des Betriebsrates früher stattgefunden haben. Vergleichen Sie die Darstellung in der Vergangenheit:

Frau Altmann machte geltend, dass der Betriebsrat über dieses Problem schon beraten habe.

Hier lässt sich die Vorzeitigkeit nicht mehr erkennen.

Direkte und indirekte Rede

Verlaufs- und Kurzprotokolle enthalten die Äußerungen von Sitzungsteilnehmern in einer Zusammenfassung. Der Protokollführer hat das Wichtige gerafft. Um zu zeigen, dass es sich dabei nicht um die Meinung des Protokollführers handelt, sondern um die Meinung anderer, wird in diesem Falle die **indirekte** (berichtende) Rede verwendet. Die indirekte Rede wird durch die **MÖGLICHKEITSFORM (KONJUNKTIV)** gekennzeichnet. Dagegen werden alle Vorgänge während der Sitzung, die wörtlich wiederzugeben sind (Anträge, Beschlüsse), in der **direkten** (wörtlichen) Rede wiedergegeben.

Die **WIRKLICHKEITSFORM (INDIKATIV)** benutzen Sie für die Darstellung aller Vorgänge während der Sitzung und für die Formulierung von Anträgen und Beschlüssen. Verwenden Sie sie darüber hinaus, wenn Sie Vorträge oder wichtige Erklärungen von Rednern wörtlich wiedergeben. Kennzeichnen Sie die direkte Rede dadurch, dass Sie nach Rednerköpfen den Doppelpunkt verwenden. Anträge machen Sie dadurch besser kenntlich, dass Sie zusätzlich einrücken, eventuell auch in Kursivschrift wiedergeben.

Herr Müller beantragt:

  Die Versammlung möge beschließen den Jahresbeitrag auf 50,00 EUR zu erhöhen.

Die **MÖGLICHKEITSFORM (KONJUNKTIV)** dient zur Kennzeichnung aller vom Protokollführer zusammengefasst wiedergegebenen Meinungen. Hier ist von Bedeutung, welche Art von Meinungsäußerung ein Redner abgibt:

  Erklärung – Feststellung – Vortrag – Frage – Erinnerung usw.

Seine Ausführungen werden mit einem entsprechenden Verb, dem **EINFÜHRUNGSWORT**, eingeleitet:

Herr Müller erklärt,

Frau Schulze stellt fest,

Vorsitzender Kunze fragt,

Der Rest der zusammengefassten Äußerungen sollte dann in **INDIREKTER** Rede im Konjunktiv wiedergegeben werden.

Bildung des Konjunktivs

Erinnern wir uns an die Bildung des Konjunktivs. Vergleichen wir Wirklichkeits- und Möglichkeitsform.

sein:
Präsens

	Indikativ	Konjunktiv I (oder: 1. Konjunktiv oder: Konjunktiv Präsens)
ich	bin	sei
du	bist	sei(e)st
er/sie/es	ist	**sei**
wir	sind	seien
ihr	seid	seiet
sie	sind	**seien**

Präteritum

	Indikativ	Konjunktiv II (oder: 2. Konjunktiv oder: Konjunktiv Präteritum)
ich	war	wäre
du	warst	wär(e)st
er/sie/es	war	wäre
wir	waren	wären
ihr	wart	wär(e)t
sie	waren	wären

haben:
Präsens

	Indikativ	Konjunktiv I
ich	habe	habe
du	hast	habest
er/sie/es	hat	**habe**
wir	haben	haben
ihr	habt	habet
sie	haben	haben

Präteritum

	Indikativ	Konjunktiv II
ich	habe	hätte
du	hattest	hättest
er/sie/es	hatte	hätte
wir	hatten	hätten
ihr	hattet	hättet
sie	hatten	**hätten**

werden:
Präsens

	Indikativ	Konjunktiv I
ich	werde	werde
du	wirst	werdest
er/sie/es	wird	**werde**
wir	werden	werden
ihr	werdet	werdet
sie	werden	werden

Präteritum

	Indikativ	Konjunktiv II
ich	wurde	würde
du	wurdest	würdest
er/sie/es	wurde	würde
wir	wurden	würden
ihr	wurdet	würdet
sie	wurden	**würden**

gehen:
(starkes Verb – Konjunktiv II ohne Umlaut)
Präsens

	Indikativ	Konjunktiv I
ich	gehe	gehe
du	gehst	gehest
er/sie/es	geht	**gehe**
wir	gehen	gehen
ihr	geht	gehet
sie	gehen	gehen

Präteritum

	Indikativ	Konjunktiv II
ich	ging	ginge
du	gingst	gingest
er/sie/es	ging	ginge
wir	gingen	gingen
ihr	gingt	ginget
sie	gingen	**gingen**

liegen:
(starkes Verb – Konjunktiv mit Umlaut)
Präsens

	Indikativ	Konjunktiv I
ich	liege	liege
du	liegst	liegest
er/sie/es	liegt	**liege**
wir	liegen	liegen
ihr	liegt	lieget
sie	liegen	liegen

Präteritum

	Indikativ	Konjunktiv II
ich	lag	läge
du	lagst	läg(e)st
er/sie/es	lag	läge
wir	lagen	lägen
ihr	lagt	läg(e)t
sie	lagen	**lägen**

folgen:
schwaches Verb – Konjunktiv II gleich Indikativ Präteritum
Präsens

	Indikativ	Konjunktiv I
ich	folge	folge
du	folgst	folgest
er/sie/es	folgt	**folge**
wir	folgen	folgen
ihr	folgt	folgt
sie	folgen	folgen

Präteritum

	Indikativ	Konjunktiv II
ich	folgte	folgte
du	folgtest	folgtest
er/sie/es	folgte	folgte
wir	folgten	folgten
ihr	folgtet	folgtet
sie	folgten	**folgten**

Im Zweifelsfall gibt der DUDEN-Band "Rechtschreibung" die wichtigsten Konjunktivformen an. Für die indirekte Rede im Protokoll brauchen Sie ohnehin nur die Konjunktivformen der 3. Person Einzahl und Mehrzahl. Merken Sie sich besonders die Formen der 3. Person Einzahl und Mehrzahl von:

	dürfen	können	mögen
Konjunktiv I			
er/sie/es	dürfe	könne	möge
sie	dürfen	können	mögen
Konjunktiv II			
er/sie/es	dürfte	könnte	möchte
sie	dürften	könnten	möchten

	müssen	sollen	wollen
Konjunktiv I			
er/sie/es	müsse	solle	wolle
sie	müssen	sollen	wollen
Konjunktiv II			
er/sie/es	müsste	sollte	wollte
sie	müssten	sollten	wollten

Beachten Sie: Die mit "sie" in der Mehrzahl verbundenen Formen des Konjunktivs I stimmen mit den Formen des Indikativs Präsens überein. Die Formen des Konjunktivs II von "sollen" und "wollen" stimmen mit den Formen des Indikativs Präteritum überein. Markieren Sie in den vorstehenden Übersichten die entsprechenden Formen.

Beispiel für die Verwendung des Konjunktivs (Die Konjunktivformen sind unterstrichen):

Dr. Müller führt aus, er habe sich schon immer für diese Lösung eingesetzt, sei aber deshalb immer wieder angegriffen worden. Nun müsse die Diskussion über dieses Thema endlich abgeschlossen und wirksame Beschlüsse müssten gefasst werden, sonst würden die Anhänger dieser Idee nie ihr Ziel erreichen und blieben unzufrieden.

Setzen Sie diesen Satz zunächst in die direkte Rede um. – Lösung:

Dr. Müller: *Ich habe mich schon immer für diese Lösung eingesetzt, bin aber deshalb immer wieder angegriffen worden. Nun muss die Diskussion über dieses Thema endlich abgeschlossen werden und wirksame Beschlüsse müssen gefasst werden. Sonst werden die Anhänger dieser Idee nie ihr Ziel erreichen und bleiben unzufrieden.*

Sie haben aus der Übersicht ersehen, dass in vielen Fällen die Formen des Indikativs und des Konjunktivs gleich sind. Damit Sie den Konjunktiv einwandfrei beherrschen und verwenden, verfahren Sie nach drei festen Regeln.

Drei feste Regeln

Erinnern Sie sich noch an Ihre Schulzeit? Wenn nicht, werden Ihnen die folgenden Formulierungen zunächst vielleicht ungewohnt vorkommen, sie sind aber richtig.

Für die Anwendung des Konjunktivs in der indirekten Rede gelten drei feste Regeln:

1. Die indirekte Rede wird grundsätzlich im **KONJUNKTIV I** gebracht, ganz gleich, ob die Aussage in der Gegenwart, Vergangenheit oder Zukunft gemacht wird.

Frau Klein sagt, am Montag sei sie nicht in die Stadt gefahren, sie habe nicht eingekauft, ihr seien weder Frau Neumann noch Herr Müller begegnet; deshalb könne sie keine Hinweise geben.

(Auch wenn der Einleitungssatz "Frau Klein sagte") lautet, würde der Rest des Satzes wie oben lauten.

Diese Regel trifft für die Formen *er/sie/es sei* und *sie seien* allgemein zu, für alle übrigen Verben nur für die Einzahl. Die richtige Form für die Einzahl finden Sie so:

Wenn das Verb auf *-en* endet, streichen sie *n*: können – er könne; lassen – sie lasse; müssen – sie müsse.

Wenn das Verb auf *-n* endet, streichen Sie *n* und fügen *e* an: handeln – sie handele; zittern – er zittere.

2. Wenn die Formen des Konjunktivs I mit den Formen des Indikativs Präsens übereinstimmen, werden die Formen des **KONJUNKTIVS II** verwendet. In der Praxis gilt das (bis auf "seien") in der Regel für die 3. Person Mehrzahl:

Frau Klein sagt, Frau Schneider und sie seien am Freitag in Köln gewesen. Sie hätten dort Schuhe und Kosmetika gekauft.

3. Die Form des Konjunktivs II fällt in der dritten Person Mehrzahl bei vielen Verben mit der Form des Indikativs Präteritum zusammen. Das gilt für alle starken Verben, deren Präteritum nicht mit Umlaut gebildet wird: *sie riefen, sie bildeten.*

Das gilt weiter für alle schwachen Verben, deren Präteritum mit -*t* gebildet wird: *sie wohnten, sie stellten.*

Vergleichen Sie die folgenden mehrdeutigen Sätze, deren Sinn erst durch die Verwendung des Konjunktivs klar wird:

Sonst lebten sie in einer anderen Stadt. – Sonst würden sie in einer anderen Stadt leben.

Sie blieben gern. Sie würden gern noch bleiben.

Die Lösung: Verwenden Sie die zusammengesetzte Form *würde + Infinitiv.*

Vergleichen Sie auch den letzten Satz des Beispiels auf Seite 34.

In der Umgangssprache werden Äußerungen in indirekter Rede meist in der Vergangenheit berichtet. Dabei wird – besonders in Norddeutschland – irrtümlich der Konjunktiv II auch dann verwendet, wenn eigentlich der Konjunktiv I zu verwenden wäre. Hier ein fehlerhaftes Beispiel:

Der Abgeordnete führte aus, es wäre (sei!) an der Zeit, etwas zu tun. Er hätte (habe!) sich schon lange dafür eingesetzt.

Aufgaben: Geben Sie die folgenden Beispiele in indirekter Rede wieder:

1. *Die Sekretärin informierte mich: "Der Chef ist schon seit Montag verreist."*
2. *Sie sagte mir am Telefon: "Auch der Abteilungsleiter Berger befindet sich zz. in Urlaub."*
3. *Dann ergänzte sie: "Er bleibt etwa drei Wochen in Spanien."*
4. *Danach fuhr sie fort: "Herr Berger hat mir noch gesagt, meine Frau und ich sehen uns in erster Linie Madrid an."*
5. *Nach dem Urlaub versicherte sie mir: "Herr Berger und seine Frau haben besonders den Prado und den Botanischen Garten gelobt."*
6. *Ich antwortete: "Ich interessiere mich mehr für die spanische Nationalbibliothek."*

(Bilden Sie die Lösung zur Frage 6 nach Regel Nr. 3 mithilfe von *ich würde + Infinitiv*.)

Irrealis (Ausdruck der Irrealität)

Es gibt aber noch andere Anwendungsfälle für den Konjunktiv. Bei der indirekten Rede haben Sie zum Konjunktiv gegriffen, um auszudrücken, dass Sie die Meinung anderer wiedergeben, die diese in direkter Rede geäußert haben. Allerdings können diese Redner auch Sachverhalte ausdrücken, die sie sich selbst wünschen oder vorstellen, die aber in der Wirklichkeit nicht bestehen, die also nicht real, sondern irreal sind. Auch solche Sachverhalte werden im Konjunktiv ausgedrückt, und zwar **nur im Konjunktiv II**:

Es wäre wirklich gut, wenn alle Menschen stenografieren würden. Dann könnten alle miteinander in Kurzschrift korrespondieren. Sie hätten es auch bei ihren Notizen leichter, sie schrieben ihre Entwürfe nur in Kurzschrift (oder: sie würden ... schreiben).

Im vorstehenden Beispiel können Sie entweder die Vergangenheitsform *schrieben* oder die Schreibung *würden schreiben* verwenden, weil durch den Zusammenhang klar ist, dass es sich um eine Darstellung im Irrealis handelt.

In einem solchen Falle müssen Sie den Konjunktiv II auch bei der Zusammenfassung im Protokoll konsequent verwenden, um schon dadurch anzudeuten, dass der Redner nur eine Wunschvorstellung zum Ausdruck bringt:

<u>Präsident Schlaumeier</u> *ist überzeugt, es wäre wirklich gut, wenn alle Menschen stenografieren würden. Dann könnten alle miteinander in Kurzschrift korrespondieren. Sie hätten es auch bei ihren Notizen leichter, sie schrieben ihre Entwürfe nur in Kurzschrift (oder: sie würden ... schreiben).*

Der Konjunktiv der direkten Rede bleibt erhalten

Beachten Sie, dass also in diesem Falle der Konjunktiv der direkten Rede beim Umsetzen in indirekte Rede erhalten bleibt:

<u>Dr. Müller</u>: Auch die Verwaltung sollte die Möglichkeiten rationeller und wirtschaftlicher Betriebsführung nutzen. – Als nächstes fallen mir die Ärzte ein. Für die Ärzte wäre der PC 3000 mit Spracherkennung geradezu ideal.

<u>Dr. Müller</u> meint, auch die Verwaltung sollte die Möglichkeiten rationeller und wirtschaftlicher Betriebsführung nutzen. Gerade für Ärzte wäre der PC 3000 mit Spracherkennung ideal.

<u>Herr Hoffmann</u>: Es sollte mindestens eine Frau zum Standpersonal gehören. Sie könnte sich intensiv den besonders hartnäckigen Besuchern widmen.

<u>Herr Hoffmann</u> schlägt vor, bei der nächsten Messe sollte eine Frau zum Standpersonal gehören, die auf bestimmte Fragen besser eingehen (antworten) könnte.

Umsetzen der persönlichen Fürwörter (Personalpronomen) – Unterscheidung zwischen Redner und Personen, die vom Redner bezeichnet werden.

Sie haben schon bemerkt, dass bei der Umformung in die direkte Rede alle ersten Personen (ich, wir) in die 3. Person umgesetzt werden müssen:

"ich" in "er/sie/es" (je nach Person des Sprechers)

"wir" in "sie"

Als Protokollführer sollten Sie die Neutralität wahren. Vermeiden Sie deshalb auch, wenn ein Redner von seiner eigenen Institution mit "wir" spricht, das Wort "wir"; setzen Sie dafür die betreffende Institution ein:

Wir haben große Erfolge erzielt. (Seine Gruppe habe große Erfolge erzielt.)

Wir müssen mehr als bisher unsere Aufmerksamkeit darauf richten. (Seine Firma müsse mehr als bisher ihre Aufmerksamkeit darauf richten.)

Dies gilt jedoch nur, wenn Vertreter verschiedener Firmen oder Institutionen zusammenkommen. Wenn Angehörige z. B. desselben Unternehmens oder Verbandes miteinander konferieren, können Sie "wir ... unsere Erzeugnisse" usw. verwenden.

Hinweisendes statt persönliches Fürwort (Demonstrativ- statt Personalpronomen)

Mitunter gibt es Schwierigkeiten, bei der zusammenfassenden Wiedergabe zwischen dem Redner und einer von ihm in seinen Argumenten angesprochenen Person zu unterscheiden. Verwenden Sie dann ein hinweisendes Fürwort (Demonstrativpronomen) für die angesprochene Person und das persönliche Fürwort (Personalpronomen) – er/sie/es – für die redende Person:

Dr. Kunze: Herr Schulze, Sie verhalten sich so, als ob es keine Probleme gäbe. Sie wissen aber genau, dass es eine Menge von Problemen gibt.

Dr. Kunze wirft Herrn Schulze vor, dieser verhalte sich so, als ob es keine Probleme gäbe. Herr Schulze wisse aber genau, dass es eine Menge von Problemen gebe.

Einführungsworte

Im ausführlichen Protokoll werden bei geraffter Fassung die Ausführungen des Redners in direkter Rede zunächst mit einem Einführungswort in der Wirklichkeitsform wiedergegeben. Der Protokollführer soll hier objektiv die Art der Ausführungen des Redners vorweg zusammenfassen:

Dabei gilt es, die jeweils treffenden Verben oder Redewendungen zu wählen, die der Absicht des Redners am ehesten entsprechen:

- Will er vor allem Sachverhalte oder Ereignisse objektiv darstellen?
- Bringt er eher seine eigene Meinung zum Ausdruck?
- Wendet er sich stärker mit einer Bitte oder gar Forderung an die Zuhörer?

Die folgende Liste soll Ihnen helfen den jeweils treffenden Ausdruck zu finden:

(mehr) objektive Darstellung

argumentieren	erläutern	nachweisen
aufzeigen	erörtern	präzisieren
auseinander (setzen)	folgern	richtig stellen
begründen	hinweisen	schildern
beschreiben	hinzufügen	unterrichten
(darauf) zurückführen	informieren	verdeutlichen
darlegen	Kenntnis geben	vorbringen
das Wesentliche (sehen)	klarlegen	zurückführen auf
davon ausgehen	klarmachen	zusammenfassen
erklären	klarstellen	

(mehr) subjektive Darstellung

abstreiten	darstellen	neigen zu
anerkennen	der Ansicht sein	Probleme sehen (in)
antworten	eingehen auf	Schwierigkeiten (sehen in)
bedauern	einräumen	sich aussprechen (für)
befürchten	einverstanden (sein)	sich entscheiden (für)
begrüßen	einwenden	sich etwas versprechen von
beharren auf	einwerfen	
behaupten	empfinden	überzeugt sein (von)
beipflichten	entgegenhalten	unterstreichen
bejahen	erwägen	unterstützen
bekennen	erwidern	vertrauen auf
beklagen	für richtig halten	warnen
bekräftigen	geltend machen	Wert legen auf
berichten	glauben	widerrufen
bestätigen	herausstellen	wünschen
bestreiten	hervorheben	zugeben
		zustimmen
betonen	hoffen	zugestehen
bezweifeln	keine Bedenken (haben)	zweifeln (an)
billigen	kontern	
dagegenhalten	Nachdruck legen auf	

(mehr) Aufforderung an die Zuhörer

anregen		verlangen
auffordern	erbitten	versuchen
beantragen	ersuchen	vorwerfen
befragen	erwarten	
befürworten	fordern	warnen
beschuldigen	Nachdruck (legen auf)	wissen wollen
bezichtigen	sich einsetzen (für)	wünschen
bitten	sich verpflichtet (fühlen)	zu bedenken (geben)

Das Einführungswort ist jedoch nur nach dem Namen des Redners erforderlich, später nicht mehr. Längere zusammengefasste Ausführungen eines Redners werden dann nur noch in indirekter Rede mit dem Konjunktiv gebracht.

Einleitende Worte des Redners verwenden
Soweit möglich, kann sich der Protokollführer auf eigene Ausführungen des Redners beziehen, mit denen dieser seine Ausführungen einleitet:

Ich stelle hierzu ausdrücklich fest, ...
(stellt fest, ...)

Ich begrüße diesen Vorschlag, bezweifle aber,
(begrüßt den Vorschlag, bezweifelt aber,)

Hierzu muss ich noch bemerken, ...
(bemerkt, ...)

Hierzu habe ich noch folgende Frage: Wie teuer ist die Sache?
(fragt nach den Kosten)

Umsetzen rhetorischer Fragen als Einleitung:

Herr Siebenhals: Wie sieht das aber bei den Klein- und Mittelbetrieben draußen aus? Da herrscht doch immer noch die landläufige Meinung, Anzeigen durch Vermittlung von Werbeagenturen seien nur für Großbetriebe interessant.

Herr Siebenhals verweist auf Klein- und Mittelbetriebe, die immer noch der Meinung seien, Anzeigen durch Vermittlung von Werbeagenturen seien nur für Großbetriebe interessant.

Aufgaben: Setzen Sie in indirekte Rede um, achten Sie besonders auf die Einführungsworte:

1. *Herr Schneider: Ich schlage vor, dass wir den Kunden endlich deutlich machen: Unsere Geräte sind auch etwas für mittlere und kleinere Unternehmen und durchaus erschwinglich.*

2. *Dr. Meyer: Wenn wir schon für unsere Mobiltelefone werben, dann sollten wir unbedingt näher darauf eingehen. Warum sollten wir nicht die Leistung der einzelnen Typen in aller Deutlichkeit herausstellen?*

3. *Direktor Bauer: Wie Sie wissen, wollen wir auch auf der Kölner Möbelmesse mit einem attraktiven Stand vertreten sein. Haben Sie noch meine Hausmitteilung Nr. 25 in Erinnerung?*

4. *Frau Weber: Ich habe da so meine Bedenken. Was wollen Sie die Leutchen, die unseren Stand besuchen, eigentlich fragen?*

5. *Frau Becker: Da muss ich Ihnen allerdings widersprechen: Von einer Werbeaktion in den großen Illustrierten halte ich nun gar nicht viel. Ich frage Sie: Was soll das?*

6. *Dr. Meyer: Nun, liebe Frau Becker, da bin ich völlig anderer Meinung. Ich denke zwar auch vornehmlich an Fachzeitschriften, das versteht sich von selbst. Aber warum sollten wir die großen Illustrierten völlig ausklammern? Da liegt doch eine Chance!*

Keine "Doppelmoppelei" (Tautologie). Verwenden Sie nicht zunächst ein Allerweltseinführungswort wie "erklären", "bemerken" usw. und lassen Sie dann erst das eigentliche Einführungswort schon in der indirekten Rede folgen, sondern verwenden Sie dieses Wort gleich als Einführungswort:

Herr Huber bemerkt, er meine nicht, dass ein Bedürfnis dazu vorliege.
(Herr Huber sieht hierfür kein Bedürfnis.)

Herr Huber erklärt, er halte solche Maßnahmen nicht für notwendig.
(Herr Huber hält solche Maßnahmen nicht für notwendig.)

Herr Huber trägt vor, er beabsichtige eine Fragebogenaktion.
(Herr Huber beabsichtigt eine Fragebogenaktion.)

Herr Huber führt aus, er rechne nicht mit einem Umsatzrückgang im Verkaufsgebiet Ulm.
(Herr Huber rechnet nicht mit einem Umsatzrückgang im Verkaufsgebiet Ulm.)

Zusammenziehungen

Das Ziel, die Ausführungen einer Besprechung zu straffen, lässt sich mit verschiedenen Stilmitteln erreichen, z. B. Einsparung von Nebensätzen (durch Partizip, Genitiv, Infinitiv), keine Häufung von Nebensätzen ("dass-Treppe"), Verzicht auf Streckformen (Hauptwörterei, Nominalstil), überflüssige Vorsilben (Präfixe) und Umstandwörter (Adverbien) bei Verben, überflüssige Adjektive ("weiße Schimmel"), Füllwörter, Sprachklischees, Modewörter usw.

Dieses Arbeitsheft kann kein Deutschbuch und keine Stilkunde ersetzen. Wir zeigen jedoch typische Stilfehler beim Protokollieren.

Nebensätze einschränken

a) durch das Mittelwort der Vergangenheit (2. Partizip) des Eigenschaftsworts (Adjektivs):

Frau Fischer hat keine Bedenken gegen die Lösung, die Herr Weber vorgeschlagen habe.

(Frau Fischer hat gegen die von Herrn Weber vorgeschlagene Lösung keine Bedenken.)

b) durch den 2. Fall (Genitiv)

Frau Fischer kann den Empfehlungen, die Herr Weber gegeben hat, nicht zustimmen.

(Frau Fischer kann den Empfehlungen von Herrn Weber nicht zustimmen.)

c) durch die Nennform (den Infinitiv):

Frau Fischer stellt den Antrag, dass über diesen Vorschlag abgestimmt werden soll.

(Frau Fischer beantragt über diesen Vorschlag abzustimmen.)

d) durch Vermeidung von mehreren Nebensätzen mit "dass" ("dass-Treppe")

Frau Fischer betont, dass bei der letzten Sitzung ein Übereinkommen darüber erzielt worden sei, dass künftig doch wieder Betriebsferien gemacht werden sollen.

(Frau Fischer betont, bei der letzten Sitzung sei man übereingekommen, künftig doch wieder Betriebsferien zu machen.)

Vermeiden Sie Streckformen (Hauptwörterei – Nominalstil)

Bevorzugen Sie aussagekräftige Zeitwörter (Verben). Vermeiden Sie die nominale Umschreibung durch Hauptwort (Substantiv) + sinnentleertes Zeitwort (Verb) – auch beim Einführungswort:

statt so	besser so
äußert die Bitte	*bittet*
äußert den Wunsch	*wünscht*
bringt seine Überraschung zum Ausdruck	*ist überrascht darüber*
gibt zur Antwort	*antwortet*
gibt zur Kenntnis	*teilt mit*
hat die Möglichkeit	*kann*
ist in der Lage	*kann*
macht Ausführungen	*führt aus*
stellt eine Frage	*fragt*
wirft die Frage auf	*fragt*
unterbreitet den Vorschlag	*schlägt vor*
will Vorsorge treffen	*will dafür sorgen*

Aufgaben: Setzen Sie die folgenden Rednerausführungen in guten Protokolltext um. Vermeiden Sie vor allem den Nominalstil.

1. *Herr Huber: Ich möchte Ihnen noch einen völlig andersartigen Vorschlag unterbreiten.*

2. *Frau Stein: Voraussetzung für die Gewährung von Beihilfen ist immer noch, dass die Antragstellung termingerecht erfolgt ist.*

3. *Herr Abel: Wir müssen vor allen Dingen den Sachverhalt hier einer überaus kritischen Prüfung unterziehen.*

4. *Frau Roth: Ich bin der Überzeugung, dass in diesem Falle überhaupt keine Kostenerstattung stattfinden kann.*

5. *Herr Huber: Im Bedarfsfalle sollte aber letztendlich eine Änderung Platz greifen, damit auch berechtigte Wünsche Berücksichtigung finden können.*

6. *Frau Roth: Die Eilbedürftigkeit dieser Vorlage ist für mich eine echte Veranlassung, nun aber doch eine klare Stellungnahme abzugeben, die keinen längeren Aufschub duldet.*

7. *Herr Abel: Es besteht ohne jeden Zweifel die Notwendigkeit, die Behandlung dieser Anträge mit relativer Beschleunigung abzugeben.*

Streichen Sie überflüssige Vorsilben (Präfixe) und Umstandwörter (Adverbien) bei Zeitwörtern (Verben)

Bevorzugen Sie das einfache Zeitwort (Verb), wo immer dies möglich ist.

statt so	besser so
abändern	*ändern*
abspeichern	*speichern*
ankaufen	*kaufen*
anliefern	*liefern*
ansparen	*sparen*
aufzeigen	*zeigen*
beheizen	*heizen*
beinhalten	*enthalten*
herabmindern	*mindern, vermindern*
Beiträge vereinnahmen	*Beiträge einnehmen*
Gelder verausgaben	*Gelder ausgeben*
käuflich erwerben	*kaufen*
namhaft machen	*nennen*
wohnhaft sein	*wohnen*
leihweise überlassen	*leihen*
zur Anzeige bringen	*anzeigen*
sich zustimmend äußern	*zustimmen*
Zweifel äußern	*zweifeln an, bezweifeln*

Vorsicht bei Eigenschaftswörtern (Adjektiven)

a) Übertreibende und falsche Höchststufen (Superlative)

baldmöglichst	*so bald wie möglich*
optimalste Bedingungen	*optimale Bedingungen*
maximalste Forderungen	*maximale Forderungen*
einzigste Möglichkeit	*einzige Möglichkeit*
in keinster Weise	*in keiner Weise, überhaupt nicht*
der nächstliegendste Gedanke	*der nächstliegende Gedanke*
das bestbewährteste Gerät	*das bestbewährte Gerät*

b) Überflüssige Eigenschaftswörter (Adjektive) – (Die "weißen Schimmel" sind eingeklammert.)

für die (geleistete) Arbeit danken
der (erforderliche) Bedarf
ein (dringendes) Bedürfnis
sich einer (trügerischen) Illusion hingeben
die (erbrachte) Leistung beanstanden
ein (alter) Greis
(zusammen)addieren
(neu) renovieren
Zu meinem Bedauern muss ich (leider) absagen.
Das dürften Sie (vermutlich) bereits (schon) erfahren haben.
Es geht (lediglich) nur darum.
Wir sahen uns genötigt dieses Angebot (ablehnen zu müssen) abzulehnen.
Sie pflegte (immer) zum Essen Wein zu trinken.

Überlegen Sie gut, was sonst noch überflüssig ist

a) Füllwörter

bekanntlich – durchaus – etwa (in etwa) – freilich – gewissermaßen – ja – sozusagen – wohl

b) Sprachklischees

auf alle Fälle
das ist eine Schnapsidee
die nackten Tatsachen
ich würde meinen
in der Tat
letzten Endes
mehr oder weniger
meine Wenigkeit
um keinen Preis der Welt
voll und ganz

die Sache macht mir große Kopfschmerzen
in einer Größenordnung von 7 Mitgliedern
mit dem Mantel der Nächstenliebe zudecken

c) Modewörter werden fast immer gedankenlos gebraucht. Auch sie haben ihre ursprüngliche Aussagekraft verloren und sind deshalb überflüssig.

echt
einmalig
famos
global
logo
märchenhaft
phänomenal
pfundig
phantastisch
prima
restlos
selbstredend
toll

Protokollieren Sie nicht in der Umgangssprache

Wenn in einer Besprechung Wendungen aus der Umgangssprache benutzt werden, müssen Sie diese saloppen Ausdrücke in eine angemessene Protokollsprache umsetzen – z. B.:

<u>statt Umgangssprache</u>	<u>angemessene Protokollsprache</u>
Es ist ein Blödsinn.	*Es sei unsinnig.*
So kriegen wir die Kuh vom Eis.	*So könne man das Problem lösen.*
Mehr ist beim besten Willen für die Umsatzsteigerung nicht drin.	*Die Umsätze ließen sich nicht mehr steigern.*
Es ist natürlich furchtbar schwer, hier exakt irgendwelche Erfolge beziehungsweise etwaige Misserfolge nachweisen zu wollen.	*Erfolge oder Misserfolge ließen sich sehr schwer nachweisen.*
Wann werden wir diese unleidige Reklamation endlich vom Tisch haben?	*... fragt, wann die unangenehme Reklamation erledigt werde.*
Ich möchte natürlich keinen madig machen.	*... wolle niemanden schlecht machen.*

Zusammenhängendes Beispiel für das Umsetzen der direkten Rede in die indirekte Rede des Protokolls

Vorbemerkung: Jeder Protokollführer wird diese Aufgaben etwas anders lösen. Prüfen Sie bei Ihrer eigenen Lösung, ob alle sachlich wichtigen Punkte des Gesprächs vermerkt sind.

Dr. Stein:

Zunächst möchte ich Sie, Frau Meurer, und Sie, Herr Hoffmann, begrüßen und mich bedanken, dass Sie trotz Ihrer derzeitigen Arbeitsüberlastung gekommen sind.

Wie Sie wissen, wollen wir auch auf der nächsten Messe in Hannover mit einem attraktiven Messestand vertreten sein. Sie haben meine Hausmitteilung Nr. 25 in Erinnerung. Dann wissen Sie, dass unser Stand diesmal eine Größe von 30 m² haben soll. Natürlich wollen wir noch verschiedene andere Werbemaßnahmen durchführen. Aber im Mittelpunkt steht selbstverständlich der Ausstellungsstand. Schließlich handelt es sich um eine für uns sehr wichtige Ausstellung. Auch die Konkurrenz wird nicht schlafen und sich sehr gezielt an dieser Messe beteiligen.

Vielleicht fassen Sie, Herr Hoffmann, zunächst noch einmal kurz zusammen, welche Vorstellungen Sie und Ihre Werbeabteilung haben.

Herr Hoffmann:

Also, wir haben aus der letzten Ausstellung in Hannover eine Menge gelernt. Das war nicht unbedingt ein Erfolg – bei Licht besehen. Aber lassen wir das jetzt! Zunächst einmal brauchen wir für die nächste Messe einen völlig neuen Prospekt, etwas Zugkräftiges, etwas wirklich Attraktives. Ich denke da an ein kleines Heft von vielleicht 16, möglicherweise auch 32 Seiten. Meine Abteilung ist mit ihrem Entwurf schon fast fertig. Der Zeichner macht gerade ein paar Illustrationen. Der Text steht so ziemlich. Wahrscheinlich werden Sie diesen Entwurf schon in der nächsten Woche zu Gesicht bekommen. Ich bitte Sie jetzt schon, heftig Kritik daran zu üben. Wir sind weiß Gott nicht selbstgefällig. Wir haben ein offenes Ohr!

Aber nun der eigentlich neue Gedanke: Wir möchten auf der letzten Seite dieses Sonderprospekts ein Preisausschreiben bringen – mit ein paar Fragen. Und die soll nun der Messebesucher gleich an Ort und Stelle beantworten und in den Briefkasten werfen.

Frau Meurer:

Verzeihung, Herr Hofmann! In welchen Briefkasten bitte?

<u>*Dr. Stein*</u> *erinnert an seine Hausmitteilung Nr. 25, wonach der Stand auf der nächsten Messe in Hannover 30 m² umfassen solle.*

<u>*Herr Hoffmann*</u> *fordert für die nächste Messe einen zugkräftigen neuen Prospekt von 16, möglicherweise auch 32 Seiten. Seine Abteilung habe den Entwurf fast fertig und dieser werde schon in der nächsten, der 32. Woche zur Kritik vorliegen. Auf der letzten Seite des Prospekts möchte seine Abteilung ein Preisausschreiben mit Fragen bringen. Die Antwort darauf könne der Messebesucher gleich in einen Briefkasten am Messestand werfen.*

Herr Hoffmann:

In unseren Briefkasten, versteht sich. Wir werden am Stand wieder einen eigenen Briefkasten aufstellen. Im vorigen Jahr haben wir ihn "Kummerkasten" genannt. Das war schlecht! Das ist zu negativ. Diesmal schreiben wir am besten gar nichts drauf.

Frau Meurer:

Nicht schlecht, Herr Hoffmann. Aber ich habe da so meine Bedenken. Was wollen Sie die Leute eigentlich fragen? Es müssten schon einfache Fragen sein, aber wiederum auch keine idiotischen Fragen, wenn ich das mal so ausdrücken darf. Wissen Sie, ich ärgere mich schwarz, wenn ich irgendwo ein so genanntes Preisausschreiben lese und dann aussagen soll, was im Grunde da bereits steht, was jeder Analphabet weiß. Dann komme ich mir wie auf den Arm genommen vor.

Dr. Stein:

Nun, liebe Frau Meurer, wer würde Sie nicht gern auf den Arm nehmen!

Herr Hoffmann:

Da gebe ich Ihnen völlig Recht. Ich meine, Ihnen, Frau Meurer, in puncto Schwierigkeitsgrad der Preisfragen. Unsere Fragen sollten schon vernünftig sein, wenn Sie wissen, wie ich das meine. Es geht mir in erster Linie darum, dass die Besucher den Namen unseres Hauses und unsere Produktlinie, unser Produktionsprogramm also, genau kennen, dass sie wissen, was wir so alles zu bieten haben. Nun ich werde Ihnen in der kommenden Woche auch die endgültigen Fragen für das Preisausschreiben vorlegen.

Dr. Stein:

Ich meine, über diesen Sonderprospekt und das damit gekoppelte Preisausschreiben brauchen wir nun nicht mehr groß zu reden. Die Direktion wird sich Gedanken machen, welche Preise ausgesetzt werden. Nach meinen Informationen darf ich Ihnen schon sagen, dass die Direktion bestimmt nicht kleinlich sein wird. Ich glaube, es werden neben Geldpreisen etwa zehn Sachpreise sein, vermutlich Mobiltelefone.

Frau Meurer:

Das ist auch meine Meinung, Herr Dr. Stein. Wenn schon Preisausschreiben und Preise, dann auch gute Preise, die zum Mitmachen anreizen.

<u>Frau Meurer</u> hat Bedenken wegen des Schwierigkeitsgrads der Fragen.

<u>Herr Hoffmann</u> gibt ihr Recht. Ihm gehe es darum, dass die Besucher den Namen des Unternehmens und sein Produktionsprogramm genau kennen würden. In der kommenden Woche werde er die endgültigen Fragen für das Preisausschreiben vorlegen.

<u>Dr. Stein</u> teilt mit, die Werbeabteilung könne mit attraktiven Preisen rechnen, neben Geldpreisen mit etwa zehn Sachpreisen, vermutlich Mobiltelefone.

Aufgabe: Der folgende Anfang einer Sitzung enthält viel Umgangssprachliches. Prüfen Sie sorgfältig, wie Sie die Ausführungen der Redner am besten in Protokollsprache umsetzen. Verzichten Sie auf alles Überflüssige.

Dr. Burkert:

Guten Tag, Frau Edelhagen, guten Tag, Herr Sommer. Hiermit eröffne ich unsere heutige Sitzung. Eigentlich ist unsere Besprechung schon mehr als überfällig. Aber natürlich wissen Sie, dass wir erst einmal alle Urlaub gemacht haben. Frau Edelhagen, ich glaube, ich gehe recht in der Annahme, dass Sie erst seit vorgestern wieder an Ihrem Schreibtisch sitzen.

Frau Edelhagen:

Exakt! Ich war diesmal nämlich ein bisschen spät dran mit meinem Urlaub. Aber, wie sagt doch der Dichter so treffend: "Goldener Herbst, wie bist du schön!" Auf die Schulferien brauche ich ja als Single glücklicherweise keinerlei Rücksicht zu nehmen. Und umso aufnahmefähiger bin ich wohl heute für unsere Sitzung. Doch eine Frage sei mir gestattet: Um was gehts denn diesmal eigentlich?

Dr. Burkert:

Ich bitte tausendmal um Vergebung! Können Sie meine Unterlassungssünde noch einmal verzeihen! Es geht heute um ein wahrhaft schwerwiegendes Problem, nämlich ums Energiesparen, schlicht gesagt. Jeder redet davon. Da müssen auch wir mal was machen. Ich meine natürlich, wir müssen uns echt etwas einfallen lassen, wie wir im Rahmen unseres Betriebes Erfolge auch im Bereich des Energiesparens erzielen können. Unter uns gesagt: Da wird doch ganz schön was verschwendet, wenn man mal genauer hinguckt!

Herr Sommer:

Ich bin mir aber durchaus keiner Schuld bewusst, Herr Dr. Burkert!

Dr. Burkert:

Aber, aber, mein lieber Herr Sommer! Wer wird denn gleich in die Luft gehen? Das war doch in keinster Weise persönlich gemeint. Nur dies: Vor uns liegt ein langer Winter mit der Notwendigkeit einer ständigen Beheizung. Da bietet sich doch an, mal genau darüber nachzudenken, wo und wie wir hier Einsparungen erzielen können. Und genau dies ist der Punkt!

---

7 Wir üben uns im Protokollieren

Was muss man beim Protokollieren festhalten?

Wir haben Ihnen schon geraten für ein ausführliches oder auch ein Kurzprotokoll möglichst viel während der Verhandlung festzuhalten und erst bei der Ausarbeitung des Protokolls zu kürzen. Unbedingt festhalten müssen Sie

- sämtliche Namen von Personen
- alle geografischen Namen
- alle betriebswirtschaftlich wichtigen Begriffe und/oder Einheiten mit den zugehörigen Zahlen
- alle Termine
- alle Anträge und Beschlüsse (wörtlich)
- alle Punkte, die auf kommenden Sitzungen behandelt werden sollen

VERTRAULICHES gehört nicht ins Protokoll, z. B. wenn von zurückliegenden unangenehmen Vorkommnissen die Rede ist. Mitunter wird dann der Hinweis gegeben, dass das, worüber jetzt gesprochen werde, nicht für das Protokoll bestimmt sei. Höchstens durch eine ganz allgemeine Formulierung kann angedeutet werden, dass Entsprechendes behandelt worden ist.

Herr ... kommt auf Vorgänge bei der letzten Messe in Hannover 20.. zu sprechen.

Oder (Kurzprotokoll): Nach der Erörterung von Vorgängen bei der Messe in Hannover 20.. ...

Termine. In Sitzungen werden Termine oft nicht mit dem exakten Datum, sondern mit kommenden Wochentagen oder mit Wörtern wie "übermorgen" u. Ä. angegeben. Um dem Benutzer des Protokolls Schwierigkeiten zu ersparen, müssen Sie Termine immer in konkreten Daten und Uhrzeiten ausdrücken. Gegebenenfalls müssen Sie die in Betracht kommende Kalenderwoche anführen.

nicht	sondern
bis spätestens (übermorgen)	bis spätestens 5. Juni ..
nächste Sitzung am (Donnerstag)	nächste Sitzung am ..-03-12
in drei Monaten	im Oktober ..
in der 2. Aprilwoche	in der 16. Kalenderwoche
Freitag nach der (Frühstückspause)	am 30. August .., um 09:30 Uhr

Vom Zusammenfassen. Es gibt viele Möglichkeiten, Ausführungen zusammenzufassen. Wir können hier nur ein paar Anregungen geben:

a) Verwenden Sie den Ergänzungsbindestrich:

Wir müssen mit Zeitungsanzeigen, auch mit Anzeigen in Zeitschriften für unsere Erzeugnisse werben.

Werbung durch Zeitungs- und Zeitschriftenanzeigen.

b) Versuchen Sie bei langen Aufzählungen einen Oberbegriff zu finden oder zusammenzufassen. Beispielhafte Aufzählungen lassen sich so in vielen Fällen unterdrücken:

Wir dürfen nicht einfach nach dem Gießkannenprinzip vorgehen, d. h. lediglich nach der Kundenkartei jeden Händler anschreiben, mit teurem Prospektmaterial und einem Riesenaufwand an Porto.

... wendet sich aus Kostengründen dagegen, nach dem Gießkannenprinzip vorzugehen.

c) Bei kleineren Sitzungen spricht nicht selten ein Redner mehrmals zu derselben Sache und wiederholt dabei seine Argumente. Oft genügt es, die Ausführungen nur einmal anzuführen, meist an der ersten Stelle. Wenn der Redner seine Meinung im Laufe der Diskussion ändert, müssen im ausführlichen Protokoll beide Meinungsäußerungen aufgenommen werden. Im Kurzprotokoll genügt es, wenn nur die am Schluss der Sitzung als Ergebnis der Diskussion erreichte allgemeine Meinungsbildung verzeichnet ist.

d) Besonders gut lässt sich zusammenfassen, wenn sich mehrere Redner den Ausführungen eines Vorredners anschließen.

Herr Oberhauser setzt sich für die Einstellung von weiteren Arbeitskräften im Zweigwerk Neustadt ein. Auch Frau Neumann und Herr Eifrig folgen ihm darin.

Frau Gleiter fordert die Einführung von Betriebsferien, was auch Herr Dr. Nolte tut.

e) Kurze Fragen oder Ergänzungen lassen sich mit den Hauptausführungen koppeln:

Herr Müller: Herr Schulze, was meinen Sie dazu?

Auf die Frage von Herrn Müller meint Herr Schulze, ...

Herr Berta: So habe ich das nicht gemeint.
Herr Carlos: So habe ich es aber verstanden.

Dem Einwurf von Herrn Berta, so sei das nicht gemeint gewesen, hält Herr Carlos entgegen, so habe er es aber verstanden.

f) Mitunter wird auf frühere Protokolle Bezug genommen; längere Abschnitte aus Verträgen, Gesetzesbestimmungen, Verordnungen, Normen usw. werden zitiert. Es genügt, wenn Sie auf die Fundstelle verweisen:

Frau Recht stützt ihre Auffassung auf §§ ... des Betriebsverfassungsgesetzes.

Herr Streit verweist auf die Beratungen in der Sitzung am ... und zitiert hierzu die Beschlüsse zu Punkt 7 TO (Protokoll S. ...).

Auf die Frage von Frau Specht nach den Möglichkeiten für die Anlage des neuen Namensverzeichnisses verweist Herr Fink auf die in DIN 5007 festgelegten Abc-Regeln und trägt sie im Einzelnen vor.

Besonders wachsam müssen Sie sein, wenn ein Redner am Schluss seiner Ausführungen zusammenfasst. Oft sagt er sogar:

"Ich fasse zusammen ..."

Sitzungsleiter pflegen so ebenfalls mitunter das Ergebnis ganzer Sitzungen zusammenzufassen und Ihnen so manche Arbeit abzunehmen.

Verwenden Sie die übliche Terminologie Ihrer Arbeitsbereiche einheitlich

Die Terminologie ändert sich von Zeit zu Zeit. Denken Sie z. B. an DIN 5008 (Schreib- und Gestaltungsregeln für die Textverarbeitung); danach heißt es *Leerzeichen*. Die Drucker sprechen vom *Spatium*, die Datenverarbeitung vom *Blank*. Vielfach wird aber noch *Leerraum* oder *Leerschritt* gesagt.

Verwenden Sie im Protokoll die innerhalb eines Bereiches übliche "amtliche" (auch "firmen-" oder "verbandsamtliche") Terminologie einheitlich, auch wenn einzelne Sprecher sie nicht immer beachten. (Diese Regelung gilt nicht für Wortprotokolle!)

1. Aufgabe

a) Ausführliches Protokoll
b) Kurzprotokoll
c) Ergebnisprotokoll

Am 4. Okt. .., 14:00 Uhr, findet in der Sektkellerei Martin Petzold & Co. in Neustadt eine Sitzung statt:

Teilnehmer:	Dr. Burkert, Prokurist und kfm. Direktor (B)
	Frau Edelhagen, Leiterin des Schreibdienstes (E)
	Herr Sommer, Leiter der Einkaufsabteilung (S)
Protokollführer:	Ihr Name
Themen:	1. Energieersparnis im Betrieb
	2. Humanere Arbeitsbedingungen im Schreibbüro

B: Guten Tag, Frau Edelhagen, guten Tag, Herr Sommer. Ich eröffne unsere heutige Besprechung. Entschuldigen Sie bitte, dass ich Sie erst vorgestern eingeladen habe. Aber es ging beim besten Willen nicht anders.

Sie wissen, die Direktion macht sich schon länger Gedanken über das Energiesparen in unserem Unternehmen. Und dann hat Frau Edelhagen einiges wegen des Schreibbüros auf dem Herzen. Aber der Reihe nach!

Es ist Ihnen bekannt, dass im letzten Winter sogar Angestellte meinten, unsere Büroräume wären dauernd überheizt. Und Sie lesen immer wieder: Überheizte Räume, besonders überheizte Arbeitsräume, sind ungesund.

Ich habe schon oft beobachtet, dass die Fenster ein wenig zum Lüften geöffnet sind – aber dies ständig. Wir heizen also praktisch die Straße, wenn Sie so wollen. Vielleicht gewöhnen wir uns alle an zwischendurch kurz und gründlich zu lüften. Im Übrigen aber bleiben die Fenster zu. Das macht schon eine ganze Menge aus, das zeigt sich dann auch positiv auf der Heizkostenrechnung.

E: Nun, das leuchtet ein, Herr Dr. Burkert. Schön und gut! Aber unsere Fenster im großen Schreibdienstzimmer schließen doch gar nicht mehr richtig. Da zieht es wie auf der Zugspitze, sagen meine Schreibdamen – auch wenn die Fenster geschlossen sind.

S: Da müssen wir eben dringend für Abhilfe sorgen. Ich werde gleich mal die Firma Weber & Söhne in Neuhausen anrufen. Die haben ja schon öfter für uns gearbeitet.

B: Okay! Dann hätten wir das Problem mit den Fenstern und den überheizten Räumen ja schon schnell vom Tisch.

Doch halt! Nein! Der Große Sitzungssaal und der Kleine Konferenzraum – da läuft die Heizung doch auch wie in allen anderen Räumen dauernd auf vollen Touren. Dabei brauchen wir diese beiden Räume doch längst nicht an jedem Tag. Ich schätze, mehr als viermal, allenfalls fünfmal im Monat werden die überhaupt nicht benutzt.

E: Darf ich hier mal was einblenden? Also: In Zukunft werde ich sämtliche Terminkalender durchsehen, was sich an Besprechungen im Hause tut. Und dann erst werde ich die Heizung in dem betreffenden Besprechungsraum aufdrehen, kurz ehe eine Sitzung fällig ist.

B: Gut so, Frau Edelhagen, sehr gut!

S: Da fällt mir was zum Thema Energiesparen ein: In unseren Waschräumen tropfen ein paar Hähne. Das ist eine ganz nette Menge Wasser, was da so still vor sich hin tröpfelt – Tag und Nacht – und nur Geld kostet und Energie verschwendet. Das muss sich sofort ändern!

B: Ich freue mich, Herr Sommer, dass Sie das sehen und sich so für unser Thema – im wahrsten Sinne des Wortes – erwärmen. Auf die Wasserhähne wäre ich – ehrlich gesagt – jetzt gar nicht gekommen. Ich lege die Sache ganz in Ihre bewährten Hände. Sie haben da bestimmt geeignete Handwerksbetriebe an der Hand. Oder gehts vielleicht auch mit Leuten aus unserer Schlosserei? Bitte prüfen Sie das mal gründlich.

S: Klar, das geht schon in Ordnung. Ich kümmere mich sofort darum.

Frau Edelhagen, Sie haben so lange nichts mehr gesagt – direkt unheimlich. Sie haben doch sonst immer so viele – ich meine so gute Ideen. Vielleicht fällt Ihnen doch noch was Wichtiges zu unserem heutigen Thema Energiesparen ein.

E: Ich weiß nicht so recht. Mir geht schon lange etwas im Kopf herum. Aber das betrifft eigentlich mehr den privaten Bereich, wenn ich das so sagen darf. Soll ich trotzdem mit meinen Gedanken auf Sie losschießen?

B: Aber sicher, Frau Edelhagen, nur zu! Wir sind schon gespannt, was Sie diesmal auf Lager haben.

E: Also, das ist Folgendes: Fast alle Kolleginnen und Kollegen kommen doch mit dem Auto in die Firma. Und jeder fährt für sich allein! In so einen Pkw passen aber normalerweise vier bis fünf Leute. Und einige wohnen zudem ziemlich nahe beieinander.

S: Echt super, Frau Edelhagen, das ist doch **die** Idee. Fahrgemeinschaften müssen wir gründen bzw. bilden.

Herr Dr. Burkert, sollen wir nicht mal ein Rundschreiben loslassen und so was direkt bei unseren Mitarbeitern anregen?

B: Ich wäre froh, wenn Sie das gemeinsam mit Frau Edelhagen erledigen könnten. Natürlich müssen Sie dabei die Vorteile deutlich machen: Jeder spart doch auf diese Art und Weise eine Menge Geld. Die paar Nachteile mit den kurzen Umwegen beim Abholen und Absetzen brauchen Sie im Rundschreiben ja nicht groß breitzutreten.

S: Frau Edelhagen und ich, wir kriegen das mit dem Rundschreiben schon hin. Ich denke, Herr Dr. Burkert, dass Sie bereits morgen den Entwurf unseres Rundschreibens an die Kolleginnen und Kollegen auf Ihrem Schreibtisch haben.

B: Auf das Echo der lieben Kollegenschaft bin ich jetzt schon gespannt. Ob wir tatsächlich ein paar Fahrgemeinschaften auf die Beine kriegen? Nun, warten wirs gelassen ab!

E: Kann ich jetzt mit meinem Problem vom großen Schreibdienstraum loslegen? Ja? Nun, wir sprechen heute doch ständig in hohen und höchsten Tönen von der Humanisierung der Arbeitswelt. Große Worte! Da müssen wir in unserem Schreibbüro mal ganz bescheiden anfangen. Da sieht es trotz modernster Computer, Drucker und all den anderen tollen Geräten aus wie vor dreißig Jahren, was die Möbel betrifft. Darüber haben sich auch schon einige Kolleginnen bitter beschwert.

B: Nun, wie ich Sie kenne, Frau Edelhagen, haben Sie auch schon handfeste Änderungsvorschläge auf Lager.

S: Darf ich hier mal mitmischen? Gerade heute erst ist mir ein toller Prospekt von einer Firma auf den Tisch geflattert mit einem Angebot – wie geschaffen für ein schickes Großraumbüro, eine Bürolandschaft, wie es heute so schön heißt. Der Prospekt zeigt funktionelle und individuelle Möbelelemente, halbhohe Stellwände, Sitzgruppen für Besucher und so weiter, und so weiter – eine total ästhetische Raumgestaltung eben.

B: Nun mal langsam, lieber Herr Sommer. So was kann man nicht übers Knie brechen. Erst müssen wir mal Preise vergleichen und Angebote einholen, das wissen Sie als Einkäufer natürlich sehr gut.

S: Versteht sich, Herr Dr. Burkert! Ich meinte auch nur, dass wir endlich an den Austausch der alten Möbel und an eine neue Raumgestaltung herangehen sollten. Preisvergleich selbstverständlich. Ich weiß auch schon, welche Angebote ich noch einhole. "Europa" und "Astra" sollen auf der Büromöbelmesse ganz neue Sachen gezeigt haben. Die Bezirksvertretungen sitzen in Neustadt und Althausen.

B: Tun Sie das, Herr Sommer. Wir sprechen uns dann in – sagen wir – drei Wochen in dieser Sache wieder. Bis dahin haben Sie sicher die Angebote verglichen und sich wohl auch schon einige Büromöbel angeguckt.

E: Mit dem Angucken ist es nicht getan. Da lassen wir am besten die Firmen hier antanzen. Die haben doch sicherlich Berater, die dann gleich an Ort und Stelle ausmessen und entsprechende Vorschläge machen können. Natürlich, ich möchte dann dabei sein!

Nun mal ganz abgesehen von den veralteten Möbeln, den fehlenden Stellwänden und den Sitzecken. Da gibt es noch ein anderes Problem: Die Farben in unserem Schreibbüro stimmen mich unendlich traurig. Da muss mal ein frischer Wind, ich meine ein Topf frischer Farbe hinein. Da macht doch die Arbeit gleich mehr Spaß als in diesem tristen langweiligen Gemach.

B: Wie haben Sie sich das mit den Farben denn gedacht, Frau Edelhagen?

E: Nun, Farben spielen eine große Rolle im Leben – auch im Arbeitsleben. Blau, Grün und Grau zum Beispiel sind beruhigende Farben. Rot und Lila beunruhigen und machen aggressiv. Gelb und Orange sind anregend, regen aber nicht auf. Ein warmes Gelb wäre ideal für unser neues Großraumbüro. Das würde die Kolleginnen motivieren, sie aber nicht zu sehr aufregen oder gar aggressiv stimmen

So weit zum Thema Farben. Ich bin aber noch nicht ganz fertig mit meinem Wunschzettel für den Zentralen Schreibdienst, meine Herren. Da ist noch ein dunkler Punkt, nämlich die Beleuchtung. Haha! Die Beleuchtung ist also ein dunkler Punkt. Da ist mir doch eine schöne Stilblüte gelungen.

Nun, Spaß beiseite! Unsere Beleuchtung ist wirklich nicht optimal. Unsere Schreibdamen verderben sich bei den trüben Funzeln, die wir da haben, weiß Gott sämtliche Augen. Da muss wirklich sofort Abhilfe geschaffen werden.

B: Frau Edelhagen, Sie haben mich mit Ihrer Rhetorik und Ihren Argumenten geschlagen! Fangen wir also mit den neuen Möbeln und den Stellwänden an. Die waren sowieso finanziell schon eingeplant. Dann kommt direkt die neue Beleuchtung dran. Der Anstrich muss wohl noch ein bisschen warten. Aber ich schätze, in einem Jahr spätestens haben wir das perfekte Großraumbüro, eine ästhetische Bürolandschaft mit idealen Arbeitsbedingungen für die Schreibdamen und ihre Schreibdienstleiterin.

Gibt es sonst noch Vorschläge oder Fragen?

S: Soll ich auch schon Angebote für eine neue Beleuchtung hereinholen?

B: *Gerne einverstanden, Herr Sommer. Machen wir uns also an die Arbeit. Ich fasse zusammen:*

Handwerksbetriebe benachrichtigen bzw. mit der Schlosserei wegen der Wasserhähne reden, Rundschreiben wegen Fahrgemeinschaften entwerfen und loslassen, Angebote für Büromöbel und Beleuchtung einholen.

2. Aufgabe

a) Ausführliches Protokoll
b) Kurzprotokoll
c) Ergebnisprotokoll

Am ..-05-06, 14:00 Uhr, findet in der Büromaschinenfabrik Gebrüder Mallmann & Co. in Neustadt eine Sitzung des Betriebsrats statt.

Teilnehmer: Kollege Saxler (S),
Vorsitzender des Betriebsrats

Kollege Berghöfer (B),
Mitglied des Betriebsrats

Kollegin Jansen (J),
Mitglied des Betriebsrats

Protokoll-
führer: Ihr Name

Thema: Nächster Betriebsausflug

S: *Ich begrüße Sie zu unserer heutigen Sitzung und freue mich, dass wir zusammengekommen sind. Es ist nämlich höchste Zeit, über unseren nächsten Betriebsausflug zu sprechen.*

J: *Was gibts denn da überhaupt noch groß zu besprechen? Wir machen doch Jahr für Jahr treu und brav unseren Betriebsausflug. Wo solls denn diesmal langgehen?*

S: *Halt, halt! So einfach ist die Sache nun auch wieder nicht, Kollegin Jansen. Es ist durchaus nicht klar, dass wir überhaupt einen Betriebsausflug machen. Eine Menge Leute in unserem Betrieb würde nämlich liebend gern darauf verzichten. Die halten nicht viel von so einem Ausflug.*

B: *Das müssen aber richtige Miesepeter sein. Ich jedenfalls freue mich das ganze Jahr über wie ein Schneekönig auf den Betriebsausflug. Gibt es überhaupt eine bessere Gelegenheit, einmal so ganz zwanglos mit allen Kollegen zu klönen?*

J: *Ja, das finde ich auch. So ein Betriebsausflug ist doch immer echt ein Gewinn für alle. Da lernt man auch manchen Arbeitskollegen erst so richtig kennen, so von der menschlichen Seite, wenn ich das so ausdrücken darf.*

Und dann sprechen wir uns in drei Wochen wieder. Mal sehen, wie weit wir bis dahin gekommen sind mit unseren Energiesparmaßnahmen und den Verbesserungen im Zentralen Schreibdienst.

Ich danke Ihnen beiden für Ihre Mitarbeit. Ich wünsche Ihnen noch einen schönen und erfolgreichen Arbeitstag. Auf Wiedersehen!

S: *Nun, es hat da auch schon Beschwerden gegeben. Erinnern Sie sich an unseren letzten Betriebsausflug nach Rüdesheim?*

B: *Oh, Rüdesheim! Wie war das schön!*

S: *Also, in Rüdesheim hatten wir doch die Weinprobe – ja, schön war das gedacht. Da gab es aber ein paar negative Begleiterscheinungen. Drücken wir uns mal sehr vorsichtig aus: Einige Kollegen haben sich ein bisschen daneben benommen. Daher auch der Vorschlag aus der Gruppe "Miesepeter", wie Sie die Leute vorhin genannt haben, Kollege Berghöfer, den Ausflug zu streichen.*

J: *Also, Kollege Saxler, das kann ich auf gar keinen Fall akzeptieren. Ich meine: Nur weil mal ein paar aus der Rolle fallen, ist das doch längst kein Grund, unseren Betriebsausflug ausfallen zu lassen.*

B: *Da muss ich Ihnen voll in die Seite treten, Kollegin Jansen. Eins steht doch felsenfest: Die Mehrheit freut sich riesig auf den Ausflug. Und danach sollten wir uns richten, nicht nach den wenigen Außenseitern!*

S: *Gut, ich bin überzeugt. Dann wäre unser Betriebsausflug also eine beschlossene Sache. Halten wir also fest:*

Der Betriebsrat beschließt einstimmig, dass auch in diesem Jahr ein Betriebsausflug durchgeführt werden muss.

Dieser Beschluss geht so an die Geschäftsleitung.

Übrigens: Muss es unbedingt ein Ausflug sein? Wie wärs denn mal mit einer Betriebsfeier? Ich stelle mir das so vor, dass wir abends in einem netten Lokal gemütlich beisammensitzen, gut essen und trinken und danach vielleicht tanzen. Wie stehen Sie dazu?

J: *Mit dem Tanzen wirds bestimmt nichts. Ich bin jedenfalls sehr skeptisch. Schauen Sie sich doch mal unsere Herren an! Denen steht doch die Tanzfaulheit direkt ins Gesicht geschrieben! Vermutlich sitzen die Herren der Schöpfung zusammen und trinken und trinken. Und die arme Weiblichkeit wartet dann sehnsüchtig darauf, dass die Tanzerei endlich losgeht. Aus Verzweiflung tanzen sie dann schon allein oder untereinander. Obwohl das heute fast schon üblich ist, allein zu tanzen – ich käme mir da reichlich merkwürdig vor.*

B: Und wenn wir nun aber die Ehepartner unserer Kollegen und Kolleginnen einladen? Da käme doch viel eher mal ein Tänzchen zustande. Meinen Sie nicht auch?

S: Ich bin entschieden dagegen. Es geht doch bei einem Betriebsfest nicht darum, dass uralte Paare miteinander ins Gespräch kommen oder übers Parkett schlürfen. Es geht letztendlich um unseren Betrieb, um die Zusammengehörigkeit der Mitarbeiter. Da passen Ehepartner absolut nicht in die Landschaft.

J: Logo, Kollege Saxler. Die Stimmung leidet dann ganz sicher auf alle Fälle. Es ist schon besser, wir lassen unsere Partner brav zu Hause.

Aber ich finde ein Betriebsfest prinzipiell nicht gut. So was Ähnliches haben wir doch praktisch jedesmal bei unserer Weihnachtsfeier. Nein, es müsste schon ein ganzer Tag sein mit einem schönen Ausflug – am besten auf dem Wasser, auf einem schmucken Schiff.

S: Sehen wir also vom Betriebsfest ab und kehren wir reumütig zurück zum guten alten Betriebsausflug, wie wir das ja im Grunde schon beschlossen hatten. Aber ein Ausflug mit dem Schiff? Erinnern Sie sich an die Tour mit der "Bismarck"?

J: Ganz richtig! Ich glaube, das war exakt vor drei Jahren. Es regnete in Strömen. Das war eine verdammt traurige Angelegenheit damals.

B: Wenn beim Schiff Petrus grollt, sind wir total aufgeschmissen. Deshalb ein anderer Vorschlag: Wie wäre es denn mit einer Busfahrt an die Mosel? Wir könnten bis Cochem fahren und dann zur Burg laufen.

S: Ihr Vorschlag ist nicht übel, Kollege Berghöfer. Nur eins: Gibts da keine Probleme mit unseren beiden behinderten Kollegen aus der Packerei?

J: Ich sehe da überhaupt keine Probleme. Die Busfahrt und der bequeme Fußweg – das wäre gut zu schaffen für alle. Natürlich müssen wir uns um unsere behinderten Kollegen kümmern, sie müssen auf der Wanderung vor allem richtig betreut werden.

B: Schön, wie Sie das so sagen, Kollegin Jansen. Es ist richtig: für unsere beiden Kollegen aus der Packerei brauchen wir Takt und Einfühlungsvermögen – kein Mitleid. Ich verlasse mich da ganz auf Sie, Kollegin Jansen, und auf Sie, Kollege Saxler.

Wie soll es nun aber weitergehen mit unserem Ausflug? Bis jetzt sind wir nur bis zur Burg in Cochem gekommen.

J: Da essen wir erst mal schön zu Mittag. Klar, dass wir uns vorher dort anmelden. Und dann marschieren wir zurück zum Bus. Der könnte uns dann nach Beilstein gondeln. Dort würden wir ein bisschen rumlaufen und dann in einer Weinstube den Abschluss machen.

S: Ich finde Ihren Vorschlag ganz vorzüglich, Kollegin Jansen. Nur müssen wir uns jetzt mal der finanziellen Seite zuwenden. Selbstverständlich übernimmt die Firma die Kosten für die Busfahrt und für das Mittag- und Abendessen. Wie ist es aber abends mit den Getränken? Einige schlucken da ganz schön. Abends müssten also die Getränke aus der eigenen Tasche bezahlt werden.

J: Sicher, das ist doch logo. Sind Sie auch mit dieser Regelung einverstanden, Kollege Berghöfer?

B: Natürlich. Abends bezahlt jeder sein Gläschen selbst. Wann soll der Bus zurückfahren?

S: Wir haben uns auch noch nicht auf einen Termin für den Ausflug geeinigt. Ich schlage vor, wir fahren an einem Freitag. Dann kann sich samstags jeder ausschlafen, und zwar zu Hause, nicht im Betrieb. Ich meine, wir sollten so gegen 24 Uhr in Beilstein abfahren.

J: Das ist für einige reichlich spät. Denken Sie doch, nicht alle wohnen hier am Ort. Und bis dann die Auswärtigen zu Hause sind, das dauert und dauert. Besser wäre 23 Uhr. Das ist gerade noch zu verkraften, wenn Sie an die öffentlichen Verkehrsmittel denken.

B: Da hat Kollegin Jansen Recht. Ich meine auch, 23 Uhr ist eine sehr gute Zeit. Nun müssten wir noch klären, welchen Freitag wir nehmen.

S: Wir könnten einen Freitag so gegen Ende August, Anfang September ins Auge fassen. Diesen Termin müsste ich noch mit der Geschäftsleitung abstimmen. Wir sind uns also einig: Betriebsausflug also am letzten Freitag im August bzw. am ersten Freitag im September. Busfahrt zur Burg Cochem und nach Beilstein.

J: Okay, einverstanden.

B: Gut, einverstanden.

S: Dann beende ich hiermit unsere Sitzung. Vielen Dank für Ihre Mitarbeit und auf Wiedersehen!

8 Wir üben das Protokollieren von Anträgen, Beschlüssen, Abstimmungen, Wahlen u. Ä.

Anträge und Beschlüsse müssen im Protokoll wörtlich aufgeführt sein. Rücken Sie solche Anträge und Beschlüsse ein (Beginn 49,5 mm vom linken Blattrand = Grad 20) und schreiben Sie sie engzeilig, wenn Sie das übrige Protokoll mit einem Zeilenabstand von 1,5 oder 2 schreiben. Sie können Beschlüsse zusätzlich durch Kursivschrift kennzeichnen.

Beschlüsse

Beschlüsse werden mit einer **MEHRHEIT** gefasst. Erforderlich ist jedoch, dass eine bestimmte (festgelegte) Mindestzahl von Mitgliedern des Gremiums (z. B. eines Vereins) anwesend ist. Sonst ist die Versammlung **NICHT BESCHLUSSFÄHIG**. Bei Beschlussfähigkeit genügt in der Regel für die Annahme eines Beschlusses die **EINFACHE (RELATIVE) MEHRHEIT** aller anwesenden **STIMMBERECHTIGTEN**. In manchen Fällen kann jedoch eine **QUALIFIZIERTE MEHRHEIT** vorgeschrieben sein, z. B. die Mehrheit aller einem Gremium angehörenden Mitglieder **(ABSOLUTE MEHRHEIT)** oder gar eine **ZWEIDRITTELMEHRHEIT** oder **DREIVIERTELMEHRHEIT** (z. B. bei Satzungsänderungen).

Auszug aus einer Geschäftsordnung

§ 17 (Verfahren bei Beschlussunfähigkeit)

Bei Beschlussunfähigkeit hat der Präsident die Sitzung sofort aufzuheben sowie Zeitpunkt und Tagesordnung der nächsten Sitzung bekannt zu geben. Die Mitglieder sind zu dieser Sitzung erneut zu laden. In der Ladung ist ausdrücklich darauf hinzuweisen, dass die Zahl der anwesenden Mitglieder für die Beschlussfähigkeit ohne Bedeutung ist, da wegen früherer Beschlussunfähigkeit zum zweiten Male zur Behandlung desselben Gegenstands eingeladen wurde.

Die Abstimmung

Die Teilnehmer an einer Sitzung können einem Antrag zustimmen, ihn ablehnen oder sich der Stimme enthalten. **STIMMENTHALTUNGEN** zählen bei der Feststellung des Abstimmungsergebnisses nicht. Für den Fall der Stimmengleichheit können unterschiedliche Regelungen bestehen: Entweder gilt der Antrag als abgelehnt oder die Stimme des Vorsitzenden gibt den Ausschlag. Prüfen Sie in diesem Fall besonders die rechtlichen Unterlagen (Satzung, Geschäftsordnung).

Abstimmungsverfahren. Für die Abstimmung gibt es verschiedene Verfahren. Normalerweise wird durch Handaufheben abgestimmt. Wenn Gäste unter den Sitzungsteilnehmern sind, erhalten die stimmberechtigten Sitzungsteilnehmer Stimmkarten, mit denen sie bei Abstimmungen das Zeichen geben müssen. In manchen Fällen wird auch namentlich abgestimmt; hierzu ist in der Regel der Antrag einer bestimmten Zahl von Teilnehmern an der Sitzung erforderlich. Dann muss im Protokoll genau festgehalten werden, wie jeder Teilnehmer abgestimmt hat.

Abstimmungsformeln. Die Formeln bei der Abstimmung können lauten:

Wer dem Antrag zuzustimmen wünscht, den bitte ich um ein Handzeichen. – Danke. Die Gegenprobe! – Stimmenthaltungen?

Wer stimmt zu? – Wer stimmt gegen den Antrag? – Wer enthält sich der Stimme?

Abstimmungsergebnis. Nach der Abstimmung muss der Vorsitzende das Abstimmungsergebnis ausdrücklich feststellen:

Der Antrag ist einstimmig angenommen.

Der Antrag ist mehrheitlich abgelehnt.

Der Antrag ist bei zahlreichen Gegenstimmen und einer Stimmenthaltung angenommen.

Im Protokoll muss das Abstimmungsergebnis so genau festgehalten werden, wie es in der Sitzung festgestellt wird:

Die Versammlung stimmt mit 32 Jastimmen bei 10 Gegenstimmen und 5 Enthaltungen folgendem Antrag zu: ...

Die Versammlung lehnt den Änderungsantrag mit einer Mehrheit von 50 Stimmen bei 5 Jastimmen ab.

Der Antrag wird einstimmig angenommen.

Über den Antrag wird in namentlicher Abstimmung entschieden. Mit Ja haben gestimmt: ..., mit Nein haben gestimmt: ..., der Stimme enthalten haben sich ...

Aufgaben: Protokollieren Sie:

1. Aufgabe

Stellvertretender Präsident Dr. Gerhard Weng:

Es ist der Antrag gestellt worden, den Antrag der Fraktion der F. D. P./DVP, Drucksache 8/924, an den Ausschuss für Ernährung, Landwirtschaft und Umwelt zu überweisen. –

Ist das Haus mit der vorgeschlagenen Überweisung einverstanden? – Es erhebt sich kein Widerspruch. Dann ist es so beschlossen.

2. Aufgabe

Stellvertretender Präsident Albrecht:

Wir kommen zur Schlussabstimmung: Wer dem "Gesetz zur Änderung des Gesetzes über die Ausbildung der Lehrer" insgesamt zustimmen möchte, den bitte ich sich zu erheben. – Gegenprobe! – Stimmenthaltungen? – Das Gesetz ist bei 5 Enthaltungen angenommen.

3. Aufgabe

Gesamtverbandsvorsitzender Schneider:

Wir kommen zur Abstimmung über den Antrag der Südwestdeutschen Landesgruppe im Gesamtverband Deutscher Sportangler. Der Antrag lautet: Die Reisekosten der Vorstandsmitglieder sollen künftig vierteljährlich abgerechnet werden. Wer diesem Antrag seine Zustimmung geben möchte, den bitte ich um ein Handzeichen. – Gegenprobe! – Enthaltungen? Der Antrag ist bei einer Gegenstimme und 4 Enthaltungen angenommen.

Beschlussfassung. Die Beschlüsse fasst immer das jeweilige Gremium, das im ausführlichen Protokoll dann auch als Rednerkopf auftaucht:

<u>Die Versammlung</u> *beschließt ...*

<u>Der Ausschuss</u> *lehnt ab ...*

Vermerk auf der Teilnehmerliste. Wie schon erwähnt, kann die Zahl der anwesenden Mitglieder von Bedeutung dafür sein, ob ein Beschluss rechtmäßig ist. Die Teilnehmerliste ist deshalb bei Sitzungen, wo Beschlüsse gefasst werden, besonders wichtig. Aus der Teilnehmerliste geht hervor, ob die Versammlung beschlussfähig war und ob etwa vorgeschriebene qualifizierte Mehrheiten überhaupt möglich waren. Es ist deshalb auch wichtig, auf der Teilnehmerliste anzugeben, wenn ein Teilnehmer nur eine Zeit lang an einer Sitzung teilgenommen hat. Bei Beschlüssen muss gegebenenfalls angegeben werden, dass der Beschluss ohne die Mitwirkung eines oder mehrerer Mitglieder zustande gekommen ist.

Der Ausschuss beschließt bei Abwesenheit von Herrn Müller, ...

Der Antrag wird abgelehnt. Die Herren Meier und Schulze und Frau Neumann nehmen an der Abstimmung nicht teil.

Ausführungen vor Eintritt in die Tagesordnung

Vor Eintritt in die Tagesordnung werden bei Versammlungen manchmal Begrüßungsreden gehalten, Glückwünsche ausgesprochen oder es wird der Verstorbenen gedacht. Mitunter werden hier auch Mitteilungen gemacht. Gegebenenfalls muss vor Eintritt in die Tagesordnung festgestellt werden, dass ordnungsgemäß zur Sitzung eingeladen wurde und dass die Versammlung beschlussfähig ist.

Verlaufsprotokoll

<u>Vorsitzender Müller</u> *stellt fest, dass die Versammlung fristgemäß am ... zum heutigen Tage einberufen wurde. Zu der Versammlung seien ... stimmberechtigte Mitglieder erschienen. Die Versammlung sei somit nach der Satzung beschlussfähig.*

Ergebnis-/Beschlussprotokoll

Die Versammlung ist fristgemäß am ... einberufen worden. Zu ihr sind ... Mitglieder erschienen; sie ist somit beschlussfähig.

Genehmigung der Tagesordnung. Falls nicht bestimmte Regelungen in einer Geschäftsordnung, einer Vereinssatzung usw. für die Festlegung der Tagesordnung bestehen, muss eine Versammlung die Tagesordnung genehmigen. Gewöhnlich liegt der Versammlung bereits ein Vorschlag für die Tagesordnung vor, dem sie zustimmen kann, den sie aber auch ändern kann.

Die Tagesordnung wird unverändert entsprechend dem Vorschlag des ... in der Einladung vom ... genehmigt und angenommen.

Die Tagesordnung wird mit folgenden Umstellungen genehmigt: Punkt 4 soll vor Punkt 3 behandelt werden.

Die Tagesordnung wird mit folgenden Änderungen genehmigt: Punkt 12 wird abgesetzt. Folgender Punkt wird eingefügt: ...

Folgende Tagesordnung wird beschlossen:

Genehmigung des Protokolls der letzten Sitzung

Das Protokoll wird unverändert entsprechend dem Entwurf des ... genehmigt.

Das Protokoll wird mit redaktionellen Änderungen im Entwurf des ... genehmigt.

Sitzungsverlauf

Aus dem Verlauf einer Sitzung müssen auch im Ergebnisprotokoll und im Kurzprotokoll mancherlei Vorgänge vermerkt werden, auch wenn keine Beschlüsse gefasst worden sind. Beispielsweise wird referiert und berichtet:

<u>Herr Müller</u> *referiert über das Thema ... Sein Referat ist diesem Protokoll als Anlage 1 beigefügt.*

<u>Der Aufsichtsrat</u> *nimmt den Bericht nach eingehender Erörterung zur Kenntnis und dankt dem Referenten.*

Es kann sein, dass es zu Tagesordnungspunkten keine Erörterung gibt. Sie müssen dann den Tagesordnungspunkt anführen und vermerken: "Keine Erörterung".

Wahlen

Wahlen vollziehen sich nach bestimmten Richtlinien. Bei Neuwahlen, z. B. in Vereinen oder Verbänden, sorgt zunächst der aus dem Amt scheidende Vorstand als letzte Amtshandlung dafür, dass ein **WAHLLEITER** bestellt wird. Dieser dankt dem Vorstand für die Arbeit. Ein Versammlungsteilnehmer beantragt dann gewöhnlich die **ENTLASTUNG DES VORSTANDES**. Mit der Entlastung erkennt die Versammlung an, dass sie gegen den Vorstand keinerlei Ansprüche mehr hegt. Dann folgen die Neuwahlen.

Auf Antrag von ... wird dem ... (einstimmig) Entlastung erteilt. ... dankt ... für seine Arbeit in der abgelaufenen Amtszeit.

Gewählt wird gewöhnlich nur der Vorsitzende, Präsident usw. Der Gewählte muss ausdrücklich erklären, dass er die Wahl annimmt. Vielfach übergibt der Wahlleiter dann die Versammlungsleitung dem neuen Vorsitzenden. Mitunter besorgt der Wahlleiter aber auch noch die Wahl des gesamten Vorstandes.

Offene oder geheime Wahl? Gewählt werden kann offen oder geheim. Die Geschäftsordnungen sehen vielfach vor, dass geheim gewählt werden muss, wenn eine gewisse Zahl von Teilnehmern dies verlangt. Dann wird ein besonderer Ausschuss für die Auszählung der Stimmen eingesetzt. Im Protokoll muss ausdrücklich vermerkt sein, ob der Betreffende offen oder geheim gewählt worden ist.

Das Wahlergebnis muss genau festgehalten werden, ebenso die Annahme der Wahl. Beachten Sie, dass auch der Wahlleiter als zeitweiliger Versammlungsleiter das Protokoll unterschreiben muss. Wird ein neuer Vorsitzender gewählt, müssen u. U. drei Versammlungsleiter (der bisherige Vorsitzende, der Wahlleiter und der neue Vorsitzende) das Protokoll unterschreiben.

Wahlleiter Krause:

Meine Damen und Herren, Sie haben soeben Herrn Dr. Köfer als Vorsitzenden vorgeschlagen. Andere Vorschläge liegen nicht vor. Wird geheime Wahl gewünscht?

Dies ist nicht der Fall. Wir kommen zur Abstimmung. Wer der Wahl des Herrn Dr. Köfer zum Ersten Vorsitzenden unseres Verbandes zustimmen möchte, den bitte ich um das Handzeichen. – Gegenstimmen! – Enthaltungen?

Ich stelle fest: Herr Dr. Köfer ist mit 45 Stimmen bei 1 Gegenstimme und 5 Enthaltungen zum Ersten Vorsitzenden unseres Verbandes gewählt. – Herr Dr. Köfer, nehmen Sie die Wahl an?

Dr. Köfer:

Ja, ich nehme die Wahl an.

Ausführliches Protokoll

Wahlleiter Krause lässt nach einstimmiger Zustimmung der Versammlung offen über den einzigen Kandidaten, Herrn Dr. Köfer, abstimmen.

Mit 45 Stimmen bei 1 Gegenstimme und 5 Enthaltungen wird Herr Dr. Köfer zum Ersten Vorsitzenden des Verbandes der Brieftaubenzüchter gewählt. Er nimmt die Wahl an.

Kurzprotokoll, Ergebnisprotokoll:

In offener Abstimmung wird als einziger Kandidat Herr Dr. Köfer mit 45 Stimmen bei 1 Gegenstimme und 5 Enthaltungen zum Ersten Vorsitzenden des Verbandes der Brieftaubenzüchter gewählt. Der nimmt die Wahl an.

Nächste Sitzung

Am Schluss einer Sitzung wird gewöhnlich der Termin für die nächste Sitzung festgelegt. Halten Sie den Termin in allen Einzelheiten fest (Tag, Uhrzeit, Ort). Falls festgelegt wird, welche Themen in der nächsten Sitzung behandelt werden sollen, müssen Sie auch das notieren. Bei Ergebnis- und Beschlussprotokollen sollten Sie diesen Punkt am Schluss des Protokolls aufführen, unabhängig davon, wo entsprechende Beschlüsse während der Sitzung gefasst worden sind.

Die nächste Sitzung wird auf Freitag, 15. August 20.., in Waldkirchen, Hotel "Alpenblick", anberaumt. In der Sitzung sollen folgende Punkte beraten werden: ...

Die kommende Sitzung soll im Mai 20.. stattfinden. Der genaue Termin soll noch vereinbart werden.

Wir wiederholen: Routineformulierungen

1. Die Versammlung ist _____, wenn eine bestimmte (festgelegte) Mindestzahl von Mitgliedern anwesend ist.
2. Bei Satzungsänderungen ist meist eine _____ Mehrheit vorgeschrieben, z. B. eine _____ oder eine _____-mehrheit.
3. Wenn über einen Antrag abgestimmt wird, können die Teilnehmer entweder a) _____ oder b) _____ oder c) _____.
4. Bei Stimmengleichheit kann z. B. die Regelung bestehen, dass der Antrag als _____ gilt oder die _____ des _____ den Ausschlag gibt.
5. Nach der Abstimmung muss der _____ das _____ ausdrücklich feststellen.
6. Im _____ muss das Abstimmungs_____ so festgehalten werden, wie es in der _____ festgestellt wird.
7. Aus der _____-liste geht hervor, ob die Versammlung _____ war und ob etwa vorgeschriebene Mehrheiten überhaupt möglich waren.
8. Vor Eintritt in die _____ muss festgestellt werden, dass ordnungsgemäß zur Sitzung _____ wurde und dass die Versammlung _____ ist.
9. Ist die Festlegung der Tagesordnung in der Satzung nicht besonders geregelt, muss die Versammlung die Tagesordnung zunächst _____.
10. Das _____ der letzten Sitzung muss oft von der Versammlung ausdrücklich _____ werden.
11. Wenn es zu einem Punkt der Tagesordnung keine Erörterungen gibt, wird im Protokoll der betreffende _____ angeführt und "_____ _____" vermerkt.
12. Als letzte Amtshandlung hat der scheidende Vorstand bei Neuwahlen einen _____ zu bestellen.
13. Mit der _____ des Vorstandes erkennt die Versammlung an, dass sie keine Ansprüche mehr gegen den bisherigen _____ hat.
14. Der Gewählte muss ausdrücklich erklären, dass er die _____ annimmt.
15. Gewählt werden kann in _____ oder _____ Wahl.
16. Bei _____ Wahl wird ein besonderer _____ für die _____ der Stimmen eingesetzt.
17. Im _____ muss auch vermerkt werden, ob der Betreffende in _____ oder _____ Wahl gewählt worden ist.
18. Das _____ muss im Protokoll genau festgehalten werden, ebenso die Annahme der _____.
19. Das Protokoll muss unterschrieben werden von dem a) _____ und dem b) _____; bei Neuwahlen muss auch noch der c) _____ unterschreiben.
20. Am Schluss einer Sitzung wird meist der _____ für die nächste _____ schon festgelegt. Bei Ergebnis- und _____protokollen ist dieser Punkt an den _____ zu setzen.

Aufgaben zur zusammenfassenden Wiederholung

Sie lesen in Ihrer Lokalzeitung:

In der Versammlung der Jagdgenossenschaft Waldkirchen konnte Bürgermeister Rosenberg am 5. November .... im Rathaus 45 Jagdgenossen begrüßen. Als Ehrengast war Altbürgermeister Wiesner erschienen. Sein interessanter Lichtbildervortrag über die Geschichte der Jagd in unserer engeren Heimat fand großen Beifall.

Die Jagdgenossen Rudolf Eichenbaum und Manfred Birke wurden vom 1. Vorsitzenden für ihre 25-jährige Zugehörigkeit zur Jagdgenossenschaft mit der Silbernen Ehrennadel ausgezeichnet.

Die neue Satzung, die auf den geänderten Bestimmungen des Landesjagdgesetzes basiert, wurde entsprechend dem von der Verwaltung vorgelegten Entwurf bei zwei Gegenstimmen und vier Enthaltungen angenommen.

Bei den Neuwahlen des Jagdvorstandes, die Dr. Erlenbach leitete, wurde der bisherige Jagdvorsteher Dobermann in seinem Amt bestätigt. Als Beisitzer fungieren Herr Teckel, zugleich stellvertretender Vorsitzender, und Herr Bernhardi als Kassenverwalter. Deren Vertreter sind die Herren Spaniel und Collie.

Die nächste Versammlung der Jagdgenossenschaft soll Mitte März n. J. stattfinden. Dabei will man u. a. über ein Treffen mit den Jagdgenossen aus Wiesenbrück und über ein Sommerfest in Bergfurth beraten.

Für die Dauer des derzeit geltenden Pachtvertrages, der bis zum 31. März 20.. befristet ist, wurden die Rechte und Pflichten der Jagdgenossenschaft der Gemeinde übertragen. Auf einstimmigen Beschluss der Versammlung soll es bei dieser Regelung auch künftig bleiben.

Breiten Raum nahmen schließlich die Neuverpachtung der Jagd und die Festsetzung des Pachtpreises ein. Nach einer Erklärung des derzeitigen Mitpächters Rottweiler will er mit Ablauf des jetzigen Pachtvertrages zugunsten von Dieter Fuchs aus dem Pachtverhältnis ausscheiden. Der Neuverpachtung der Jagd zu einem jährlichen Pachtpreis von 10,00 EUR je Hektar stimmte die Mehrzahl der Mitglieder zu.

a) Entwerfen Sie das Einladungsschreiben und die Tagesordnung.
b) Sie haben diese Versammlung protokolliert. Schreiben Sie ein Kurzprotokoll.
c) Reichen die Angaben in dem Bericht Ihrer Lokalzeitung auch für ein Verlaufsprotokoll?

9   Wir beachten die rechtliche Stellung von Aktenvermerken und Protokollen

Sie haben zuerst Aktenvermerke und ähnliche Schriftstücke kennen gelernt. Dabei hatten Sie weit weniger formale Anforderungen zu beachten als bei Protokollen. Während Protokolle alle Beteiligten objektiv und unparteiisch in dem jeweils notwendigen Umfang über die Verhandlungen informieren sollen, können Aktenvermerke nur für den eigenen Bedarf oder für einen Teil der Teilnehmer bestimmt sein. Aktenvermerke können auch subjektive Eindrücke enthalten und – wie Sie schon gesehen haben – Vorschläge für weitere Maßnahmen.

Gemeinsame Aktenvermerke

Mehrere Teilnehmer an einer Besprechung können auch gemeinsam einen Aktenvermerk formulieren, den dann auch sämtliche Teilnehmer unterschreiben sollten. Dieser Aktenvermerk kann individuell mit weiteren Hinweisen versehen werden. Mitunter werden die bei Besprechungen getroffenen Abmachungen auch in Briefform bestätigt. Beachten Sie: Nur die von allen Beteiligten durch Unterschrift anerkannten Teile eines Aktenvermerks sind rechtlich verbindlich.

Gedächtnisprotokoll

Zu den Aktenvermerken gehört auch das Gedächtnisprotokoll, in dem ein Verhandlungsbeteiligter nachträglich – aus seiner Erinnerung – die Ereignisse oder einen Teil davon wiedergibt.

Auch Gedächtnisprotokolle sind nur dann als Protokolle zu werten, wenn nachträglich alle Beteiligten das Protokoll anerkennen.

Die rechtliche Unterscheidung von Protokollen und Aktenvermerken

Protokoll	Aktenvermerk
alle Teilnehmer erhalten ein Protokoll	nicht für alle Teilnehmer bestimmt
objektiv	persönliche Eindrücke
vollständiger Sitzungsverlauf	oft nur Auszüge
keine Schlussfolgerungen	enthält Schlussfolgerungen, Vorschläge, Anweisungen
Genehmigung durch alle Beteiligten (und damit Rechtskraft)	ohne Genehmigung (keine Rechtskraft für alle Beteiligten)
für alle Beteiligten zugänglich	möglicherweise für bestimmten Kreis vertraulich
für die Dauer bestimmt; Archiv	nach Gebrauch erledigt; möglicherweise in die Ablage
Darstellungszeit: Gegenwart (Präsens)	Darstellungszeit: Vergangenheit (Präteritum)

Die rechtliche Stellung von Protokollen

Die Zusammenarbeit in einem Unternehmen, einer Behörde, in einem Verband ist oft rechtlich geregelt, z. B. in Geschäftsordnungen und Satzungen. Überall finden sich Bestimmungen über die Protokollierung. Selbst Gesetze treffen hierzu Regelungen, z. B. das Betriebsverfassungsgesetz, die Personalvertretungsgesetze des Bundes und der Länder, z. B. § 37 des Landespersonalvertretungsgesetzes von Rheinland-Pfalz.

Auszug aus dem Betriebsverfassungsgesetz

§ 34 Sitzungsniederschrift

(1) Über jede Verhandlung des Betriebsrats ist eine Niederschrift aufzunehmen, die mindestens den Wortlaut der Beschlüsse und die Stimmenmehrheit, mit der sie gefasst sind, enthält. Die Niederschrift ist von dem Vorsitzenden und einem weiteren Mitglied zu unterzeichnen. Der Niederschrift ist die Anwesenheitsliste beizufügen, in die sich jeder Teilnehmer eigenhändig einzutragen hat.

(2) Hat der Arbeitgeber oder ein Beauftragter einer Gewerkschaft an der Sitzung teilgenommen, so ist ihm der entsprechende Teil der Niederschrift abschriftlich auszuhändigen. Einwendungen gegen die Niederschrift sind unverzüglich schriftlich zu erheben; sie sind der Niederschrift beizufügen.

Auch in anderen Gesetzen finden sich Vorschriften über die Protokollierung, z. B. im Aktiengesetz. Zur juristischen Wertung von Protokollen oder Sitzungsniederschriften gibt es inzwischen eine ganze Reihe von Entscheidungen oberer Gerichte, die bei Rechtsstreitigkeiten über Sitzungsergebnisse zurate zu ziehen sind. Einzelheiten übersteigen die Aufgabe dieses vor allem für die Übung im Protokollieren bestimmten Buches. Informieren Sie sich gegebenenfalls in juristischen Handbüchern zum Vereins- und Verbandsrecht oder zu dem Bereich, der in Betracht kommt, z. B. zum Mitbestimmungsrecht, Personalvertretungsrecht, Wohnungseigentumsrecht, Aktienrecht usw.

Mindestinhalt für das Protokoll (Ergebnisprotokoll)

1. Ort, Tag und Stunde der Sitzung
2. Familienname des Versammlungsleiters und des Protokollführers, die auch das Protokoll unterschreiben müssen
3. die Anwesenden
4. Anträge; sie sind im Wortlaut festzuhalten
5. Abstimmungen und deren Ergebnisse

Fehler. Schreibfehler, Rechenfehler und offenbare Unrichtigkeiten können nach Fertigstellung des Protokolls noch berichtigt werden.

Nachtragsprotokoll. Auch ein späteres Nachtragsprotokoll ist zulässig, falls der Protokollführer einen Teil der Beschlüsse nicht vermerkt haben sollte oder wenn deren Fassung unklar ist.

Vernehmungsprotokolle. In diesem Buch nicht behandelt worden sind Vernehmungsprotokolle bei der Polizei, bei der Staatsanwaltschaft oder bei Gericht: wörtlich oder ausführlich. Das Vernehmungsprotokoll muss von dem unterschrieben werden, der vernommen ist (v. g. u. = vorgelesen, genehmigt, unterschrieben) und dem, der vernommen hat. Diese Protokolle verzeichnen Vorgänge in der Vergangenheit; sie werden deshalb auch in der **VERGANGENHEIT** (im Präteritum) abgefasst.

Die Rechtskraft des Protokolls

Mitunter bestehen rechtliche Regelungen, dass ein Protokoll Rechtskraft erlangt, wenn innerhalb einer bestimmten Zeit kein Widerspruch der Sitzungsteilnehmer erfolgt. In anderen Fällen bedarf das Protokoll einer förmlichen Genehmigung. Sie kann in der jeweils folgenden Sitzung erteilt werden und muss dann im Protokoll festgehalten werden (vgl. Abschnitt 8).

Schriftliche Genehmigung. Liegt die kommende Sitzung erst in weiter Zukunft, kann der Protokollentwurf auf schriftlichem Wege genehmigt werden, etwa durch Bestimmungen darüber, dass Einsprüche bis zu einem bestimmten Zeitpunkt einzulegen sind; sonst gilt das Protokoll als genehmigt.

Genehmigung des Protokollentwurfs. Es empfiehlt sich, einen Protokollentwurf zwar schon in der endgültigen Form zu erstellen (vgl. Abschnitt 4), ihn aber bis zur endgültigen Genehmigung als "Entwurf" zu kennzeichnen. Dann können etwaige Änderungen mit Ihrem Textverarbeitungsprogramm ohne besondere Mühe eingebessert werden.

Andernfalls muss die Berichtigung im Protokoll der folgenden Sitzung vermerkt werden. Benutzer sind dann immer gezwungen nachzuschlagen, ob etwa in der folgenden Sitzung Berichtigungen vorgenommen worden sind. Dass es sich um das endgültige Protokoll handelt, sollte durch eine Schlussformulierung am Fuß des Protokolls vermerkt werden.

Der Entwurf des Protokolls lag den Teilnehmern vor. Er wurde in der Sitzung am ... ohne Änderungen genehmigt.

Der Entwurf des Protokolls lag den Sitzungsteilnehmern vor. Da keine Einsprüche bis zum ... eingegangen sind, hat er damit Rechtskraft erlangt.

Keine Genehmigung von Wortprotokollen. Nicht nötig ist die Genehmigung von Wortprotokollen. Hier können höchstens Irrtümer (Hörfehler, Druckfehler) berichtigt werden.

Protokollarchiv

Zu den Aufgaben des Protokollführers gehört mitunter auch die Führung des Protokollarchivs. Darin wird der Inhalt der Protokolle nach bestimmten Gesichtspunkten festgehalten, vor allem werden hier die jeweils geltenden Beschlüsse gespeichert. In einer Kartei oder einer Datenbank kann eine Fundstelle für den genauen Beschluss zu einer Sache eingetragen werden.

Heute lassen sich mit den Verfahren der elektronischen Datenverarbeitung die Beschlüsse selbst speichern und abrufen. Die Beschlüsse müssen gegebenenfalls unter Berücksichtigung von Geschäftsverteilungsplänen nach einer festgelegten Ordnung gespeichert werden.

Rechtliches zu Tonaufnahmen

Genehmigung. Tonaufnahmen zur Unterstützung der Protokollführung müssen genehmigt sein. Eine heimliche Tonaufnahme verstößt (sofern nicht besondere Voraussetzungen gegeben sind) gegen den in Artikel 1 Absatz 1 des Grundgesetzes garantierten Schutz der Menschenwürde. Um dieses Grundrecht besonders zu schützen, bedroht § 201 des Strafgesetzbuches (StGB) die **VERLETZUNG DER VERTRAULICHKEIT DES WORTES** mit einer Freiheitsstrafe bis zu drei Jahren oder mit Geldstrafe. Es ist im Übrigen nicht nur strafbar, das nicht öffentlich gesprochene Wort eines anderen auf einen Tonträger aufzunehmen, sondern auch eine so hergestellte Aufnahme zu gebrauchen oder sie einem Dritten zugänglich zu machen.

Beachten Sie also, dass schon die Anfertigung eines Protokolls aufgrund einer Ihnen übergebenen, widerrechtlich angefertigten Tonaufnahme strafbar ist. Widerrechtlich angefertigte Tonaufnahmen werden deshalb auch nicht als Beweismittel anerkannt; entsprechend dürfte auch ein aufgrund einer widerrechtlich angefertigten Tonaufnahme hergestelltes Protokoll keine Beweiskraft haben.

Zustimmung notieren. Wo in einer Geschäftsordnung oder durch einen einmal gefassten Beschluss Tonaufnahmen zur Unterstützung der Protokollierung zugelassen sind, muss ausdrücklich das Einverständnis <u>aller</u> Sitzungsteilnehmer mit einer Tonaufnahme der Sitzung vorliegen. Es handelt sich hier um ein Grundrecht, das nicht durch den Beschluss der Mehrheit in einer Sitzung außer Kraft gesetzt werden kann. Selbst bei Widerspruch <u>eines</u> Sitzungsteilnehmers sollte deshalb von einer Tonaufnahme abgesehen werden. Die Zustimmung zur Tonaufnahme sollte protokolliert werden:

Alle Versammelten erklären sich mit einer Tonaufnahme der Sitzung zur Unterstützung der Protokollierung einverstanden.

Beachten Sie auch die Vorschriften von § 160 a der Zivilprozessordnung über die "Vorläufige Aufzeichnung", die im Zweifelsfall auch für ein Protokoll außerhalb der Zivilgerichtsbarkeit zu beachten wären.

Danach kann der Inhalt eines Protokolls in einer gebräuchlichen Kurzschrift, durch verständliche Abkürzungen oder auf einem Ton- oder Datenträger vorläufig aufgezeichnet werden. Das Protokoll ist in diesem Fall unverzüglich nach der Sitzung herzustellen. Die vollständige Wiedergabe der umfangreichen Bestimmung ist an dieser Stelle nicht notwendig. Informieren Sie sich notfalls in der Zivilprozessordnung.

Wir wiederholen: Rechtliches zu Aktenvermerken und Protokollen

1. Rechtlich verbindlich sind nur die von allen Beteiligten durch _____ anerkannten Teile eines Aktenvermerks.

2. Ein Protokoll, das nachträglich aus der Erinnerung die Ereignisse (oder einen Teil davon) wiedergibt, ist ein _____-protokoll.

3. Der Mindestinhalt eines Protokolls besteht aus folgenden Angaben

    a) _____, _____ und _____ der Sitzung

    b) _____ des Versammlungsleiters und des _____, die beide das Protokoll unterschreiben müssen.

    c) die Anwesenden

    d) _____; sie sind im Wortlaut festzuhalten

    e) Abstimmungen und deren _____.

4. Ein Aktenvermerk kann auch _____ Eindrücke wiedergeben; dagegen muss ein Protokoll stets _____ berichten.

5. Aktenvermerke werden in der _____ abgefasst, Protokolle dagegen in der _____.

6. Um _____ zu erlangen, muss das _____ von allen Beteiligten _____ werden.

7. Aktenvermerke sind oft nur für einen _____ Kreis bestimmt, Protokolle dagegen für alle _____.

10 Wir testen unser Können

1. Aufgabe:

Entwerfen und schreiben Sie normgerecht am ..-07-15 die Einladung zu einer Sitzung der Bundesjugendleitung nach folgenden Stichworten:

Sitzung der Bundesjugendleitung der Ballsportjugend im Deutschen Ballsportverband am ..-09-18, 16 Uhr, in ..., Hotel ..., Panoramastr. 51 - 53, Telefon ..., Telefax ...

Vorschlag für die Tagesordnung: Konstituierung der Bundesjugendleitung, Übernahme der Geschäfte der Bundesjugendleitung, Aufgabenverteilung, Stand der Beitragszahlungen, Verschiedenes, nächste Sitzung

Zimmer im Hotel ... sind für die Teilnehmer reserviert – bitte dem Hotel Reservierung bis ..-09-03 bestätigen – angeben, wie das Hotel mit Kfz oder Bahn erreicht werden kann – gute Wünsche für Anreise zu der Sitzung

2. Aufgabe:

Schreiben Sie nach dem folgenden Wortprotokoll (Stenografischer Bericht)

a) ein Verlaufsprotokoll

b) ein Ergebnisprotokoll

Ballsportjugend   *Protokoll 9/1*
Bundesjugendleitung

Wortprotokoll
(Stenografischer Bericht)

1. Sitzung

XYZ-Hausen, ...tag, 18. Sept. ....

Inhalt:	Seite
1. Konstituierung der Bundesjugendleitung	1
2. Übernahme der Geschäfte der Bundesjugendleitung	2
3. Aufgabenverteilung	4
4. Stand der Beitragszahlungen	5
5. Verschiedenes	5

Beginn: 16:00 Uhr

<u>Bundesjugendleiter (BJL) Rund:</u> *Liebe Kolleginnen, liebe Kollegen, ich eröffne die erste Sitzung der 9. Amtsperiode der Bundesjugendleitung der Ballsportjugend im Deutschen Ballsportverband und heiße Sie herzlich willkommen.*

Die Delegiertenversammlung hat die Bundesjugendleitung am 7. Juli d. J. gewählt. Unser Bundesjugendrechner, Herr Luft, ist leider erkrankt. Ich gehe sicher mit Ihnen einig, wenn ich ihm von unserer Sitzung die besten Genesungswünsche und die Grüße von uns allen übermittle.

(Zustimmung)

Ich rufe nun Punkt 1 der Tagesordnung auf:

Konstituierung der neu gewählten Bundesjugendleitung

Wir treffen uns heute erstmals und nehmen satzungsgemäß unsere Arbeit auf. Ich hoffe, dass wir in den nächsten zwei Jahren erfolgreich und harmonisch zusammenarbeiten werden. Meine erste Bitte an Sie geht dahin, mich bei der Leitung der Bundesjugend nach besten Kräften zu unterstützen.

Nach der von der Delegiertenversammlung 20.. beschlossenen Geschäftsordnung, der Jugendordnung der Ballsportjugend im Deutschen Ballsportverband, sind wir beschlussfähig. Die Einladung zur Sitzung ist ordnungsgemäß ergangen. Sie haben ihr Folge geleistet. Damit sind die Voraussetzungen gegeben, dass wir unsere Arbeit aufnehmen.

Ich erkläre hiermit die Bundesjugendleitung der Ballsportjugend im Deutschen Ballsportverband für die 9. Amtsperiode für konstituiert.

Wir können somit schon zu Punkt 2 der Tagesordnung kommen:

Übernahme der Geschäfte der Bundesjugendleitung

Frau Leder hat das Wort.

<u>Frau Leder,</u> *Stellvertretende Bundesjugendleiterin (Stv. BJL): Es wäre gut, wenn Herr Rund so bald wie möglich alle Unterlagen für die Arbeit, die er als Bundesjugendleiter braucht, von seinem Amtsvorgänger, Herrn Tor, übernehmen könnte.*

(Frau Schnur: Ja, das ist wichtig!)

Wir haben wichtige Aufgaben vor uns, die wir bald in Angriff nehmen müssen. Ich erinnere nur an die Forderungen vieler Mitglieder nach mehr Auslandskontakten, nach günstigeren Bedingungen für Ferienlager und nach einer intensiveren Öffentlichkeitsarbeit.

<u>Frau Naht,</u> *BJ-Schriftführerin: Nicht zu vergessen die Zusammenarbeit mit den Schulen und anderen Jugendsportverbänden.*

Frau Schnur, Beisitzerin: Unser Bundesjugendleiter sollte möglichst bald von Herrn Tor die Unterlagen übernehmen, damit er sich eingehend mit seinem neuen Amt vertraut machen kann. Ich möchte anregen, dass er sich noch heute mit Herrn Tor in Verbindung setzt und einen Termin für die Übergabe der Akten usw. möglichst noch im Laufe d. M. vereinbart.

Herr Tor hat unsere Bundesjugend sechs Jahre lang als Bundesjugendleiter geführt. Zuvor war er schon längere Zeit als Beisitzer und später als Bundesjugendschriftführer aktiv in der Jugendarbeit. Sie wissen alle, was er in dieser Zeit geleistet hat und was die Ballsportjugend unter seiner Leitung alles erreicht hat. Die Delegiertenversammlung hat ihm zwar schon ausdrücklich den Dank für seine Arbeit ausgesprochen. Ich hielte es aber für richtig, dass dies auch die Bundesjugendleitung noch einmal täte.

Frau Leder, Stv. BJL: Ich glaube, man sollte diesen Vorschlag aufgreifen. Wäre es nicht auch richtig, Herrn Tor den Dank nicht nur in Worten abzustatten, sondern auch mit einem angemessenen Geschenk? Könnten wir hierfür einen Geldbetrag bewilligen und Herrn Rund beauftragen ein entsprechendes Geschenk zu besorgen? Wer weiß denn, was Herrn Tor besonders gefallen würde?

BJL Rund: Ich bin ganz sicher, Herr Tor würde sich über ein solches Geschenk sehr freuen. Wenn Sie micht fragen, so glaube ich, dass er sich für die Geschichte des Schachspiels, der Schachfiguren und der Darstellung von Schachmotiven in der bildenden Kunst interessiert. Ich schlage vor, ihm den großen Bildband „Zauber des Schachspiels", der gerade im Europa-Verlag herausgekommen ist, zu schenken. Aber billig ist dieser prächtige Bildband nicht. Wir müssen wohl 70,00 EUR ausgeben. Meinen Sie nicht, dass das doch ein bisschen viel wäre?

(Widerspruch)

Frau Schnur, Beisitzerin: Sie müssen bedenken, was Herr Tor alles für uns getan hat. Da ist ein solcher Betrag wirklich nicht hoch und ich wäre bereit ihn jederzeit gegenüber unseren Mitgliedern in der Delegiertenversammlung zu verantworten. Ich stelle deshalb den Antrag, für ein solches Anerkennungsgeschenk einen Betrag von 75,00 EUR zu bewilligen.

(Beifall)

BJL Rund: Nun gut, aus Ihrem Beifall sehe ich, dass Sie eine solche Ausgabe für richtig halten. Ist jemand gegen ein Geschenk in der beantragten Höhe? – Das ist offenbar nicht der Fall. Ich schlage vor, dass im Protokoll festgehalten wird, dass dafür ein Betrag bis zu 75 EUR bewilligt wird. Findet das Ihre Zustimmung?

(Zustimmung)

Herr Tor hat allerdings einen längeren Urlaub angetreten. Er hat mir gesagt, dass er erst am 7. Oktober zurück ist. Ich kann mich also erst dann mit ihm in Verbindung setzen.

(Frau Naht: Das ist aber schade!)

– Nun, es ist nicht zu ändern. Darum schlage ich vor, dass wir im Protokoll als Frist für die Übernahme der Geschäfte die Zeit bis zum 17. Oktober vorsehen. Ich hoffe, dass das bis dahin möglich sein wird. Sie sind doch damit einverstanden?

(Zustimmung)

Ich sehe, dass Sie nicken und ich werde also entsprechend verfahren.

Wir kommen nun zu Punkt 3 der Tagesordnung:

Aufgabenverteilung

Wir müssen uns die Aufgaben in der Bundesjugendleitung nach unseren Fähigkeiten und Möglichkeiten aufteilen. So kurz nach der Wahl ist es sicher noch zu früh, über eine solche Verteilung endgültig zu entscheiden. Für eine ausführliche Diskussion ist außerdem heute unsere Zeit zu knapp bemessen. Ich möchte Sie aber – quasi als Hausaufgabe – bitten sich schon einmal über die Verteilung der Aufgaben Gedanken zu machen und dann Ihre Vorschläge zu unterbreiten.

Ganz akut ist ein Problem. Sie wissen, dass wir für die Teilnehmer an unseren Ferienlagern eine kombinierte Sport-Reise-Unfall-Versicherung unterhalten. Herr Tor hat bisher die Kontakte zur Versicherungsgesellschaft "Serenitas" wahrgenommen. Er hat sich ja gut in Versicherungsangelegenheiten ausgekannt. Ich bin leider kein Fachmann auf diesem Gebiet. Deshalb möchte ich fragen, ob jemand von Ihnen diesen Bereich der Bundesjugendleitung schon jetzt übernehmen könnte. – Herr Wurf?

Herr Wurf, Beisitzer: Ich kenne mich in der Versicherungsbranche ganz gut aus und bin bereit diesen Bereich zu bearbeiten.

BJL Rund: Mir fällt ein Stein vom Herzen, Herr Wurf. Ich danke Ihnen. Stimmen Sie, meine Damen, der Beauftragung des Herrn Wurf zu? – Ich sehe keinen Widerspruch; dann ist so beschlossen. Ich werde dann der Versicherungsgesellschaft "Serenitas" mitteilen, dass Sie ihr als Verbindungsmann zur Verfügung stehen. Sie soll sich direkt mit Ihnen in Verbindung setzen. Vor allem müssen die Schwierigkeiten aus dem Weg geräumt werden, über die der Landesverband Baden-Württemberg Klage führt. Bitte berichten Sie uns auf der nächsten Sitzung, was Sie in diesem Fall bis dahin tun konnten.

Herr Wurf, Beisitzer: Das will ich gern tun. Ich weiß allerdings nicht, welchen Kummer der Landesverband Baden-Württemberg hat. Können Sie mir den Vorgang zuschicken? Auch hätte ich gern eine Kopie Ihres Briefes an die Versicherungsgesellschaft.

BJL Rund: Wir kommen dann zu Punkt 4 der Tagesordnung:

Stand der Beitragszahlungen

Herr Luft hat mir einen schriftlichen Bericht gegeben, den ich Ihnen vorlesen möchte:

"Seit Einführung des Lastschriftverfahrens, im Januar 20.., bestehen keine Beitragsrückstände. Das zunächst probeweise eingeführte Verfahren hat sich bewährt. Ich empfehle daher, den Einzug durch das Lastschriftverfahren beizubehalten. Von großer Bedeutung ist dabei, dass dieses Verfahren die früher beträchtliche Anzahl von Mahnungen erübrigt und so zu einer beachtlichen Arbeitsvereinfachung und Kostenersparnis geführt hat."

Ich beantrage daher, das Lastschriftverfahren für die Einziehung von Beiträgen nunmehr endgültig einzuführen. Stimmen Sie, meine Damen, und Sie, Herr Wurf, diesem Antrag zu? – Ich sehe keinen Widerspruch; dann ist so beschlossen.

Wir kommen dann zum letzten Punkt der Tagesordnung:

Verschiedenes

Ich selbst habe hierzu nur den Vorschlag zu machen einen besonderen Referenten für Öffentlichkeitsarbeit zu bestellen. Diese Aufgabe sollte jemand übernehmen, der über Erfahrungen und gute Beziehungen zu den Massenmedien, insbesondere zur Tagespresse, verfügt. Können Sie mir einen geeigneten Kandidaten für das neue Amt eines Referenten für Öffentlichkeitsarbeit nennen?

Frau Leder, Stv. BJL: Auf Anhieb ist dies sehr schwer. Ich müsste zuerst mit einigen Delegierten aus meinem Landesverband Rheinland-Pfalz sprechen. Sicherlich wären dann brauchbare Vorschläge zu erwarten.

Frau Naht, BJ-Schriftführerin: Mir geht es auch so. Ich begrüße den Vorschlag, einen Referenten für Öffentlichkeitsarbeit zu benennen, aber ich müsste ebenfalls zunächst mit den Delegierten meines Landesverbandes Bayern über dieses Thema diskutieren.

Herr Wurf, Beisitzer: Ich kenne einen Delegierten, der in Frankfurt wohnt. Er ist freiberuflicher Mitarbeiter bei verschiedenen Zeitungen und Zeitschriften. Ich will ihn schon bald anrufen, um einmal vorzufühlen.

BJL Rund: Vielen Dank für all diese Vorschläge. Wir setzen diesen Punkt auf die Tagesordnung unserer nächsten Sitzung, die noch in diesem Jahr, ich schlage Anfang Dezember vor, stattfinden soll. Sind Sie damit einverstanden?

(Zustimmung)

Haben Sie, meine Damen, und Sie, Herr Wurf, noch Beiträge zum Punkt Verschiedenes? – Dies ist offenbar nicht der Fall. Dann schließe ich unsere Sitzung. Ich danke Ihnen für Ihre Mitarbeit und wünsche Ihnen eine gute Heimfahrt. Auf Wiedersehen!

(Schluss der Sitzung: 17:15 Uhr)

3. Aufgabe:

Entwerfen und schreiben Sie (normgerecht) am ..-02-03 die Einladung zu einer Vorstandssitzung des Zentralverbandes für Unfallverhütung nach folgenden Stichworten: Vorstandssitzung am ..-03-07, ... Uhr, in ..., Hotel ..., ...-straße .., Telefon ..., Fax ....

Vorschlag für die Tagesordnung:

    Auswertung der Jahresstatistik ..

    Neuer Unfallverhütungsfilm der Berufsgenossenschaft der chemischen Industrie

    Fortbildungsveranstaltung für Berufskrankheiten-Sachbearbeiter

    Testaktion "Arbeitsschutz für Berufsschulen"

    Verschiedenes

4. Aufgabe:

Halten Sie sodann die folgende Sitzung in einem Verlaufsprotokoll fest.

5. Aufgabe:

Schreiben Sie auch ein Kurzprotokoll über diese Vorstandssitzung.

Präsident Platin: Meine Damen und Herren, ich eröffne unsere heutige Vorstandssitzung des Zentralverbandes für Unfallverhütung. Sie hatten – wie ich hoffe – eine gute Anreise und Sie fühlen sich gut untergebracht.

Wir haben ein umfangreiches Programm vor uns. Bevor wir in die Tagesordnung eintreten, darf ich feststellen, dass die Einladung zu unserer heutigen Vorstandssitzung ordnungsgemäß ergangen ist. Unser Beisitzer, Herr Silber, ist wegen Krankheit entschuldigt. Die anderen Damen und Herren des Vorstandes sind der Einladung nachgekommen. Ich stelle fest, dass wir beschlussfähig sind.

Bestehen Einwände gegen die Tagesordnung?

Herr Schwefel, Schatzmeister: *Ich habe eine Bitte. Sie wissen, dass ich in drei Stunden schon an der Tagung des Lehrerverbandes in ... teilnehmen muss. Deshalb wäre ich Ihnen sehr dankbar, wenn wir den Punkt 4 unserer Tagesordnung vorziehen könnten. Am besten gleich als Punkt 1.*

Präsident Platin: Sind Sie alle damit einverstanden? – Gegenprobe! – Enthaltungen? Danke. Dann ist dies einstimmig beschlossen.

Ich rufe also Punkt 1 der Tagesordnung auf:

Testaktion "Arbeitsschutz bei Berufsschulen"

Herr Schwefel hat das Wort.

Herr Schwefel: Meine Damen und Herren! Ich will Ihnen kurz über die Testaktion berichten. Die Bundesarbeitsgemeinschaft für Arbeitssicherheit hat die Auswertung dieser Testaktion vor einer Woche abgeschlossen. Bekanntlich hatten wir mit dieser Testaktion die Berufsschullehrer im Bundesland Niedersachsen angeregt bei der Bundesarbeitsgemeinschaft für Arbeitssicherheit Informationen über Arbeitsschutz anzufordern. Die Aktion wurde vom Landesverband Nordwestdeutschland mitgetragen. Wir wollten mit dieser Aktion die Lehrer an den berufsbildenden Schulen bei ihrem Bemühen unterstützen in den Berufsschulen stärker als bisher auch Fragen des Arbeits- und Gesundheitsschutzes mit einzubeziehen.

Sie werden sich erinnern, dass unser Zentralverband federführend bei der Zusammenstellung des Verzeichnisses der verfügbaren Informationsschriften war. Nicht unerwähnt bleiben darf schließlich die wertvolle Unterstützung seitens des niedersächsischen Kultusministeriums.

Um es kurz zu machen – diese erste Landesaktion war durchaus erfolgreich. Von den insgesamt 150 Berufsschulen in Niedersachsen haben 61,5 % auf unser Angebot reagiert. Insgesamt sind rund 15 000 Schriften – ich wiederhole: 15 000 Schriften! – von den Schulen bestellt worden. Diese Schriften hatten wir im Katalog nach den verschiedenen Berufsfeldern aufgelistet.

Als Anreiz diente ein Preisausschreiben, das wir mit der Bestellaktion gekoppelt hatten. Die Preisaufgabe bestand darin, kritisch zu unserem Verzeichnis der Arbeitsschutzschriften Stellung zu nehmen. Den ersten Preis gewann übrigens ein Lehrer von den Berufsbildenden Schulen Braunschweig. Der Preisträger kann auf unsere Kosten am nächsten Deutschen Arbeitsschutzkongress vom ... bis ... in ... teilnehmen. So! Das wäre wohl das Wichtigste. Ich danke Ihnen für Ihre Aufmerksamkeit.

Präsident Platin: Herr Schwefel, Sie haben uns einen zwar kurzen, aber doch sehr informativen Bericht über die Testaktion in Niedersachsen gegeben. Dafür danke ich Ihnen.

Wünscht jemand zu Punkt 1 das Wort?

Frau Nickel, Schriftführerin: *Ja, mich würde doch interessieren, ob auch in anderen Bundesländern etwas Ähnliches geplant ist. Ich meine, solche Testaktionen in Schulen mit Preisausschreiben und so.*

Herr Schwefel: Nach dem großen Erfolg in Niedersachsen gewiss. Ich sagte schon, diese Aktion war eine Testaktion. Unser Arbeitsausschuss "Schulen" ist gerade dabei, entsprechende Aktionen für die anderen Bundesländer in Angriff zu nehmen. Einzelheiten darüber kann ich allerdings heute noch nicht sagen.

Meine Damen und Herren! Ich darf mich nun entschuldigen. Ich muss Sie jetzt verlassen, sonst komme ich nicht mehr rechtzeitig zur Tagung der Lehrer in ... Ich wünsche der Vorstandssitzung noch einen guten Verlauf. Auf Wiedersehen!

Präsident Platin: Sonst noch Wortmeldungen zum Punkt 1? – Das ist offenbar nicht der Fall. Dann kommen wir zu Punkt 2 der Tagesordnung:

Auswertung der Jahresstatistik ..

Das Wort hat Herr Vizepräsident Zink.

Vizepräsident Zink: Meine Damen und Herren! Ich darf Ihnen das umfangreiche Zahlenmaterial der besseren Übersicht wegen als Kopie überreichen. Diese Statistik sollte dann auch als Anlage dem Protokoll dieser Sitzung beigefügt werden.

Aus der Statistik geht zunächst klar hervor, dass es dank der gemeinsamen Anstrengungen der Betriebe und der Landesverbände gelungen ist, die Gesamtzahl der Unfälle weiterhin zu senken. Aus den beiden Vergleichszahlen – links das

Vorjahr, rechts das Berichtsjahr – ergibt sich ein Rückgang der Zahl der gesamten Unfälle um exakt 0,9 %.

Interessant ist nun zweifellos die Aufschlüsselung dieser Gesamtzahl. Bei den Unfällen am Arbeitsplatz ergibt sich allerdings ein Anstieg um 1,2 %. Dagegen haben sich auf dem Weg zu oder von der Arbeitsstätte im Berichtsjahr erfreulicherweise 17 % weniger Unfälle ereignet. Allerdings muss hierbei berücksichtigt werden, dass die sehr ungünstigen Witterungsverhältnisse im 1. Quartal des Vorjahres zu einem starken Anstieg der Zahl der Wegeunfälle geführt hatten.

Bitte vergleichen Sie nun einmal die Zahl der angezeigten Berufskrankheiten. Diese Zahl liegt um 0,5 % niedriger als im Vorjahr.

Werfen wir einen Blick auf die Zahl der erstmals entschädigten Arbeitsunfälle, Wegeunfälle und Berufskrankheiten. Sie wissen, dies sind ja die Fälle, die mit einer Rente entschädigt worden sind, weil über die 13. Woche nach dem Arbeitsunfall hinaus eine Minderung der Erwerbsfähigkeit von mindestens 20 % vorgelegen hat oder es sich um einen Todesfall handelt.

Die Zahl der erstmals von uns entschädigten Arbeitsunfälle im Berichtsjahr ist – und das ist doch wirklich erfreulich – um rund 2 % zurückgegangen.

Erfreulich ist schließlich auch, dass sich die seit vier Jahren nun schon ununterbrochen rückläufige Tendenz bei den tödlichen Unfällen auch im Berichtsjahr fortgesetzt hat. Der Rückgang beträgt hier genau 5,2 % – eine, wie ich meine, durchaus erfreuliche Verminderung, wenn wir auch unser Ziel noch lange nicht erreicht haben.

Die übrigen Zahlen entnehmen Sie bitte der Statistik. Ich danke Ihnen für Ihre Aufmerksamkeit.

<u>*Präsident Platin:*</u> *Herr Zink, haben Sie vielen Dank für diesen Bericht. Alles in allem doch eine erfreuliche Bilanz unserer Arbeit. Sie soll uns alle anspornen unsere Anstrengungen auf dem Gebiet der Unfallverhütung und des Gesundheitsschutzes verstärkt fortzusetzen.*

Wünschen Sie eine Aussprache über die Jahresstatistik? – Das ist offenbar nicht der Fall. Dann kommen wir zum nächsten Punkt der Tagesordnung:

Neuer Unfallverhütungsfilm der Berufsgenossenschaft der chemischen Industrie

Das Wort hat Frau Gold.

<u>*Frau Gold,*</u> *Beisitzerin: Meine Herren, meine Damen, Sie wissen vielleicht schon aus der Presse, dass die Berufsgenossenschaft der chemischen Industrie kürzlich einen neuen Unfallverhütungsfilm herausgebracht hat. Ich konnte mir diesen Film zweimal ansehen. Er zeigt eine geschickt getroffene Auswahl von Unfallmöglichkeiten, wie sie bei der Herstellung von Farben und Lacken typisch vorkommen können. Der Film zeigt aber auch – nach meiner Ansicht überzeugend –, wie man solche Unfälle vermeiden kann.*

Dieser Unfallverhütungsfilm hat eine Laufzeit von genau 20 Minuten. Ich meine, dies ist weder zu lang noch zu kurz für einen solchen Film. Er kann als Videokassette bei der Berufsgenossenschaft der chemischen Industrie angefordert werden, selbstverständlich kostenlos. Die vollständige Anschrift steht ja in unserem Verzeichnis der einzelnen Berufsgenossenschaften.

Ich schlage vor, dass wir in einer der nächsten Ausgaben unseres "Informationsblattes" empfehlend auf diesen neuen Unfallverhütungsfilm – er trägt den Titel "Immer daran denken" – hinweisen. Herr Uran, Sie vertreten hier ja auch die Redaktion unseres Informationsblattes. Bitte vermerken Sie in Ihrer Meldung aber auch, dass bei der Bestellung auch die voraussichtliche Zuschauerzahl angegeben wird.

<u>*Herr Uran,*</u> *Beisitzer: Gut, Frau Gold. Das geht in Ordnung. Vielleicht können Sie noch eine ganz kurze Besprechung schreiben. Dann kann ich auch ein paar interessante Details über den Film bringen.*

<u>*Frau Gold:*</u> *Sie kriegen von mir Anfang nächster Woche eine kurze Filmbesprechung.*

<u>*Präsident Platin:*</u> *Wird noch das Wort zu diesem Punkt gewünscht? – Nein? – Dann rufe ich den nächsten Punkt der Tagesordnung auf:*

Fortbildungsveranstaltung für Berufskrankheiten-Sachbearbeiter

Das Wort hat Herr Helium.

<u>*Herr Helium,*</u> *Beisitzer: Meine Damen, meine Herren! Ich darf Ihnen über eine Veranstaltung berichten, die unser Landesverband Südwestdeutschland am 15. November v. J. im Berufsförderungswerk in Heidelberg veranstaltet hat. Diese Fortbildungsveranstaltung hatte mit annähernd 100 Teilnehmern einen außerordentlich guten Besuch zu verzeichnen.*

Der Geschäftsführer des Landesverbandes Südwestdeutschland, Herr Dr. Schöneberger, hat in seiner Begrüßung auch ausführlich die aktuellen sozialpolitischen Fragen angeschnitten. Insbesondere konnte er aufzeigen, welche Bedeutung den vielerlei neuen Gesetzen und Verordnungen über den Umwelt- und Arbeitsschutz zukommt.

Ich habe auf dieser Veranstaltung über das Programm zur Verhütung von Gesundheitsschäden durch Arbeitsstoffe etwa 45 Minuten referiert. Sie wissen, dass dieses Programm von der Berufsgenossenschaft der chemischen Industrie federführend für alle betroffenen gewerblichen Berufsgenossenschaften durchgeführt wird. Es ging mir dabei in erster Linie darum, die Entwicklung bei den Berufskrankheiten deutlich zu machen und nachdrücklich darauf hinzuweisen, wie wichtig die Vorbeugung und Rehabilitation gerade in diesem Bereich sind.

Sehr ausführlich wurde dann über die Entschädigung durch die gesetzlichen Unfallversicherungsträger diskutiert. Für Sie habe ich die Kerngedanken meiner Ausführungen und die Hauptergebnisse der Diskussion auf drei Blättern festgehalten, die ich Ihnen hiermit aushändigen darf. – Ich danke Ihnen für Ihre Aufmerksamkeit.

Präsident Platin: Herr Helium, für Ihren Bericht besten Dank. Ich möchte anregen, dass solche Fortbildungsveranstaltungen für Berufskrankheiten-Sachbearbeiter auch von unseren Landesverbänden durchgeführt werden. Darum meine Bitte an Sie, Herr Helium, doch einmal detaillierte Vorschläge für solche Veranstaltungen in einem Arbeitspapier festzuhalten. Ja, ich möchte noch weitergehen. Wir sollten Herrn Helium als Beauftragten des Hauptverbandes für Fortbildungsveranstaltungen offiziell benennen. Herr Helium, würden Sie diese Aufgabe übernehmen?

Herr Helium: Allein kann ich das nicht bewältigen. Ich brauche tatkräftige Hilfe. Denn der Arbeitsanfall bzw. -umfang ist doch erheblich. Herr Zink, unser Vizepräsident, könnte mir da gewiss helfen.

Präsident Platin: Bitte, Herr Zink, Sie sind angesprochen.

Herr Zink: Ja, ich bin einverstanden, obwohl ich wirklich nicht gerade über Arbeitsmangel klagen könnte. Aber die Fortbildung der Sachbearbeiter für Berufskrankheiten liegt mir besonders am Herzen.

Präsident Platin: Meine Damen und Herren! Nach der Geschäftsordnung ist es erforderlich, dass wir über die Benennung von Referenten abstimmen.

Ich beantrage, dass wir die Herren Helium und Zink zu Referenten für die Planung und Durchführung von Fortbildungsveranstaltungen für Berufskrankheiten-Sachbearbeiter benennen.

Wer ist für diesen Antrag? – Gegenstimmen! – Enthaltungen! Gut! – Der Antrag ist einstimmig angenommen. Herr Helium, Herr Zink, ich wünsche Ihnen viel Erfolg für diese verantwortungsvolle Aufgabe.

Wir kommen nun zu Punkt 5 der Tagesordnung:

Verschiedenes

Wer wünscht das Wort? Frau Gold, bitte.

Frau Gold: Ich möchte nur sagen, dass die Liste der Informationszentren für Vergiftungsfälle noch in diesem Monat fertig gestellt wird. Die Vorarbeiten und Arbeiten dazu waren sehr umfänglich. Ich habe diese Liste, deren Herausgabe wir ja bereits im Mai v. J. beschlossen hatten, in Zusammenarbeit mit allen Landesverbänden erstellt.

Diese Liste haben wir in drei Gruppen unterteilt, und zwar 1. medizinische Kliniken – das sind insgesamt 11 Anschriften –; 2. Kliniken für Vergiftungsfälle bei Kindern – darunter sind 4 Anschriften; 3. Zentren mit noch nicht durchgehendem 24-Stunden-Dienst; hierunter finden sich 2 Anschriften.

Frau Nickel: Halt! Bitte langsamer. Ich muss das ja protokollieren. Frau Gold, darf ich Ihre Auflistung nochmals hören?

Frau Gold: Gern, entschuldigen Sie bitte. Es handelt sich um die Liste der Informationszentren für Vergiftungsfälle. Sie hat drei Unterabschnitte: 1. Medizinische Kliniken, 2. Kliniken speziell für Vergiftungsfälle bei Kindern, 3. Zentren mit noch nicht durchgehendem 24-Stunden-Dienst. Die 1. Gruppe umfasst 11 Anschriften, die 2. Gruppe vier und die letzte Gruppe zwei Anschriften.

Frau Nickel: Vielen Dank, Frau Gold, für Ihre Wiederholung.

Frau Gold: Ich habe noch etwas. Ich wollte noch anregen, dass wir diese Liste möglichst schon in der nächsten Ausgabe unseres "Informationsblattes" veröffentlichen. Das wäre wieder was für Sie, Herr Uran.

Herr Uran: Selbstverständlich! Geben Sie mir Ihre Liste nach Möglichkeit schon in der nächsten Woche herein. Dann kann ich entsprechend disponieren.

Frau Gold: Das geht in Ordnung, Herr Uran.

Präsident Platin: Wünscht noch jemand zum Punkt Verschiedenes zu sprechen? – Das ist offenbar nicht der Fall.

In der nächsten Sitzung sollten wir die berufliche Rehabilitation zum zentralen Thema nehmen. Außerdem müssen wir unsere Grundlehrgänge für Techniker und Meister neu regeln. Sie wissen, dass wir bisher Lehrgänge für Techniker und Meister angeboten haben. Dies hat sich offensichtlich nicht bewährt. Wir müssen diese beiden Zielgruppen lehrgangsmäßig unbedingt trennen.

Im Übrigen schlage ich vor unsere nächste Sitzung Mitte Mai in ... zu veranstalten? Sind Sie alle damit einverstanden? – Gut, danke. Ich lasse rechtzeitig von mir hören.

Dann bleibt mir nur noch die angenehme Pflicht, Ihnen allen für Ihre rege Mitarbeit zu danken. Ich wünsche Ihnen eine gute Heimreise. Auf Wiedersehen!

6. Aufgabe:

Sie sind Schulsekretärin und sollen die folgende **PRESSEKONFERENZ** protokollieren. Teilnehmer sind:

Dr. Anton, Direktor der Blindenstudienanstalt (BLISTA) in XYZ-Burg

Frau Berta, Redakteurin der "Neuen Presse"

Herr Cäsar, Redakteur der "Neuen Nachrichten"

Frau Dora, Redakteurin der "Neuen Post"

Herr Emil, Geschäftsführer der BLISTA

Herr Friedrich, Chefredakteur der Monatsschrift "Europa"

Legen Sie Ort und Zeit dieser Pressekonferenz selbst fest.

Schreiben Sie ein Verlaufsprotokoll.

Dr. Anton: Meine Damen und Herren, ich begrüße Sie herzlich und danke Ihnen, dass Sie unserer Einladung Folge geleistet haben. Die vielen Fragen, die von der Presse in letzter Zeit an uns herangetragen worden sind, aber auch die Überzeugung, dass Sie unsere Arbeit wesentlich fördern können durch eine objektive und ausreichende Berichterstattung, haben den Anlass zu dieser kleinen Pressekonferenz gegeben. Herr Emil, Geschäftsführer der hiesigen Blindenstudienanstalt – kurz BLISTA genannt – und ich als Direktor der BLISTA-Einrichtungen stehen Ihnen nun für Ihre Fragen zur Verfügung. Es geht uns darum, dass Sie als Journalisten in Ihren Medien ein zutreffendes Bild über uns zeichnen.

Herr Friedrich: Herr Dr. Anton, die BLISTA ist, wenn ich richtig informiert bin, weit über die Regionalgrenzen hinaus bekannt. Wie erklärt sich dieser hohe Bekanntheitsgrad?

Dr. Anton: In der Tat, wir sind ziemlich bekannt. Nicht selten haben wir sogar den Eindruck, dass die BLISTA im Ausland weit bekannter ist als in der Bundesrepublik Deutschland selbst. Nun, den Hauptgrund hierfür sehen wir darin, dass wir nicht nur überregionale Aufgaben erfüllen, sondern auch übernationale. Unsere Hilfsmittel für Blinde und Sehbehinderte werden z. B. in 80 Länder exportiert. Und in vielen dieser Länder ist erst durch unsere Hilfsmittel eine systematische Ausbildung der Blinden möglich geworden und damit letztlich auch eine Berufstätigkeit für Blinde in diesen Ländern.

Frau Dora: Nun, als Redakteurin der "Neuen Post", die in erster Linie eine Regionalzeitung sein will, interessiert mich vor allem eines: Wie steht es denn mit Ihrem Bekanntheitsgrad im näheren Umkreis?

Herr Emil: Darauf darf ich kurz antworten: In unserem Bundesland ist die Bemühung um Sehgeschädigte und deren Berufstätigkeit dank einer langen Tradition – immerhin sind es jetzt schon 85 Jahre – relativ weit fortgeschritten. Man könnte auch so sagen: Unser Bekanntheitsgrad hängt eigentlich nur davon ab, wie intensiv die Öffentlichkeitsarbeit der einzelnen Institutionen betrieben wird. Und hier müssen wir ehrlich zugeben: In der Vergangenheit gab es da mancherlei Unterlassungssünden – auch auf unserer Seite. Wir wollen uns da gar nicht reinwaschen.

Frau Berta: Wie darf ich Ihre Ausführungen verstehen, Herr Emil?

Herr Emil: Wenn wir erreichen wollen, dass die Öffentlichkeit in Zukunft weniger befangen und hilfreicher dem Behinderten zu begegnen imstande ist, dann muss sie natürlich eingehend über seine Möglichkeiten, aber auch über seine Grenzen informiert werden.

Doch auch der unmittelbar Betroffene ist auf die ständige Information angewiesen. So sollten vor allem die Eltern blinder Kinder wissen, dass zz. nur rund 40 % der für das Gymnasium geeigneten blinden und höhergradig sehbehinderten Jugendlichen überhaupt ein Gymnasium besuchen.

Herr Friedrich: Was mich interessiert: Wie steht es nun mit der Entwicklung der verschiedenen Hilfsmittel für Blinde und Sehbehinderte? Da ist doch sicherlich der technische Fortschritt stark zu beachten. Dies gerade ist ein Thema, das die Leser meiner Monatszeitschrift "Europa" brennend interessieren dürfte. Können Sie mir zu diesem Komplex etwas Konkretes sagen?

Dr. Anton: Sie sprechen da einen eminent wichtigen Teilbereich unserer Arbeit an. Wir müssen insbesondere die berufstätigen Blinden in aller Welt laufend über die Weiterentwicklung der verschiedenen Hilfsmittel informieren. Gerade

der berufstätige Blinde muss Gelegenheit haben wichtige Neuentwicklungen kennen zu lernen, damit er sie auch praktisch ausprobieren kann.

Wir wissen sehr wohl, dass wir auf diesem Gebiet nicht genug getan haben, so sehr wir uns auch darum bemühten, das darf ich wohl sagen. Aber die prekäre Personal- und Finanzsituation setzt uns leider sehr enge Grenzen. Wir ersticken förmlich in der Arbeit vor Ort. Radikal ändern lässt sich dies nur mit fremder Hilfe. Und darum bemühen wir uns zz. in verstärktem Maße.

Herr Cäsar: Ich darf mal zurückblenden. Was war eigentlich der Grundgedanke, der vor vielen Jahren zur Schaffung Ihrer Einrichtung geführt hat?

Herr Emil: Zunächst ein sehr trauriges Faktum: der 1. Weltkrieg, aus dem so viele junge Kriegsblinde ohne Abschluss ihrer Ausbildung oder ohne Schulabschluss und ohne jede nennenswerte Berufschance, wenn man einmal vom Matten- und Korbflechten absieht, in ihre Heimat zurückkehrten.

Die Grundidee war, dass der Gründer unserer Institution, Carl Strehl, fest davon überzeugt war, dass der Blinde speziell im Berufsleben um so weniger eingeschränkt ist, je mehr seine Tätigkeit auf seine voll ausgebildeten intellektuellen Fähigkeiten begründet werden kann, das heißt also – mit anderen Worten –, je höher seine schulische Qualifikation ist.

Herr Cäsar: Nun, Sie haben inzwischen auch sehr viel geschaffen und viel erreicht.

Dr. Anton: Das dürfen wir wohl bei aller Bescheidenheit sagen. Weit über 500 blinde Abiturienten der Schule haben seither den Weg in akademische und vergleichbare Berufspositionen gefunden.

Natürlich ist der Aufwand hierfür, damit meine ich einmal den pädagogischen Aufwand, aber auch den Aufwand an Hilfsmitteln, relativ groß. Aber er ist bestimmt nicht zu groß. Man muss bedenken, dass nicht nur das jeweilige individuelle Schicksal des Blinden erleichtert werden konnte, sondern dass sich durch diese Arbeit nicht zuletzt auch das Bild des Blinden generell gewandelt hat und damit letztlich seine Stellung in der Gesellschaft. Und das ist doch sehr wichtig!

Herr Cäsar: Sie meinen damit gewiss auch, dass z. B. das Selbstbewusstsein und die soziale und berufliche Integrationsfähigkeit der Blinden durch Ihre Arbeit gewachsen sind.

Dr. Anton: Das haben Sie schön formuliert, Herr Cäsar. In der Tat trifft dies die Sache genau! Beide zu Anfang schon genannten Bereiche unserer BLISTA, nämlich die Schule einerseits und die Produktion von Hilfsmitteln für Blinde andererseits, haben hierzu gleich viel beigetragen. Man könnte auch so sagen: Unsere Schule wäre ohne die Hilfsmittelproduktion am Ort ebenso wenig arbeitsfähig gewesen, wie es der wo immer ausgebildete Blinde an seinem Arbeitsplatz noch heute ist. Die Entwicklung der Produktionsabteilung brauchte auf der anderen Seite aber die Herausforderung seitens der Schule und der Bedürfnisse ihrer Besucher und Absolventen.

Herr Emil: Ja, auch ich möchte dies unterstreichen. Ganz so sehe ich den Zusammenhang.

Frau Dora: Ich habe mal eine rein praktische Frage: Auf welchem Wege kommt nun der sehgeschädigte Jugendliche eigentlich zur BLISTA?

Dr. Anton: Eine Frage, die oft gestellt wird. Nun, der erste Schritt besteht darin, dass die Eltern Kontakt zu uns aufnehmen. Wir laden die Eltern dann zu einem eingehenden Beratungsgespräch und einer Besichtigung unserer Einrichtungen ein.

Frau Berta: Wird denn nun jeder Interessent, wenn ich so sagen darf, so einfach aufgenommen?

Dr. Anton: Nein, das nicht. Die Aufnahme setzt ein positives Gutachten der abgebenden Schule voraus. Dies ist z. B. eine abgebende Blindenschule oder eine Schule für Sehbehinderte. Zuweilen allerdings auch noch eine Regelschule, die der Jugendliche bis dahin trotz seiner Behinderung noch hat besuchen können. Voraussetzung ist außerdem ein augenärztliches Gutachten und schließlich die Zustimmung des Kostenträgers.

Frau Berta: Wie geht das dann mit der Schulzeit weiter vor sich?

Dr. Anton: Sie meinen gewiss die Aufnahme in eine bestimmte Klasse. Die Schulzeit beginnt für eine begrenzte Zeit mit einer Probeaufnahme in der entsprechenden Klassenstufe bzw. Schulform, und zwar zunächst als Hospitation. Über die endgültige Aufnahme wird dann aber so bald wie möglich entschieden. Unsere Eingangsklasse ist die 7., früher Quarta genannt, in der Fachoberstufe die 11.

Herr Friedrich: Für mich wäre noch interessant, wie es mit der finanziellen Belastung der Eltern dieser Kinder aussieht.

Herr Emil: Finanzielle Probleme gibt es bei diesem ganzen Prozess für die Eltern in unserer Sozialordnung Gott sei Dank nicht. Die Kosten für Ausbildung und Unterkunft mit allen Förderungsmaßnahmen im Schulbereich und ebenso im Heimbereich werden von der öffentlichen

Hand übernommen. Wenn jemand Finanzierungsprobleme hat, dann unsere Institution selbst, nicht etwa die Eltern – egal, was sie nun im Einzelnen verdienen.

Herr Friedrich: Ja, das kann ich verstehen. Können Sie uns noch Einzelheiten über die Finanzierung der BLISTA verraten?

Herr Emil: Wir haben keine Geheimnisse. Unsere finanzielle Situation, das muss offen gesagt werden, ist insgesamt gesehen schon wesentlich besser als noch vor zwei, drei Jahren. Die Verhandlungen über die Pflegesätze – wie der Beitrag der Kostenträger im amtlichen Sprachgebrauch heißt – sowie über den Personalstand und die begreiflicherweise sehr kostenaufwändige Ausstattung solch einer Heimsonderschule mit Abiturziel sind dennoch jedes Jahr wieder hart und gelegentlich auch für uns enttäuschend – trotz großer Verständnisbereitschaft der anderen Seite.

Sie wissen, dass heute für die Schule allgemein eine Reihe kostenaufwändiger Medien, insbesondere moderner technischer Medien, gebraucht wird. Und in einer Heimsonderschule ist der Bedarf an solchen Medien naturgemäß besonders hoch. In dieser Richtung bleiben dann auch unsere Wünsche fast unvermeidlicherweise des Öfteren offen.

Dr. Anton: Hier darf ich ergänzend sagen, dass wir dann nur mit Spenden und Preisnachlässen seitens verständnisvoller und hilfsbereiter Lieferanten weiterkommen. Ohne solche Spenden und Preisnachlässe wäre z. B. unser gesamtes inzwischen weithin als vorbildlich anerkanntes Sportprogramm für Blinde niemals zu realisieren gewesen. Und es wäre auch jetzt nicht weiterzuführen in dieser Form, bis hin zur Eingliederung unserer Schüler in zahlreiche Sportvereine der Sehenden.

Herr Cäsar: Nun, dies ist ein Thema, das gerade meine Leser interessieren wird. Wie geht das denn mit diesem Sportprogramm vor sich?

Dr. Anton: Wir haben ein breites Angebot im Sportbereich ausgearbeitet und realisiert. Ein wesentlicher Teil unseres Programms besteht nun darin, unsere Schüler schon während der Schulzeit in die Sportvereine der Sehenden zu integrieren. Dies ist freilich recht aufwändig.

Frau Dora: Ich darf mal direkt fragen: Wie steht es denn eigentlich mit der Finanzierung in Ihrem Produktionsbereich?

Herr Emil: Dort sind wir aus anderen Gründen auf erhebliche Zuschüsse von den verschiedensten Seiten angewiesen. Sie dürfen nicht vergessen, dass es sich immer nur um relativ kleine Stückzahlen handelt, die da gefertigt werden.

Angesichts dieser kleinen Stückzahlen ist in der Hilfsmittelproduktion leider gar nicht an kostendeckende Preise zu denken.

Den Abnehmer kostet z. B. ein Punktschriftbuch aufgrund des enormen Herstellungsaufwandes und der schon erwähnten kleinen Auflage etwa zehnmal so viel, wie das entsprechende Schwarzschriftbuch beim Buchhändler kosten würde. Trotzdem zahlt der Abnehmer bei uns mit diesem hohen Preis nur etwa die Hälfte der tatsächlichen Herstellungskosten.

Die Differenz, die übrigens bei allen Hilfsmitteln für Blinde und Sehbehinderte etwa in dieser Größenordnung liegt, muss durch Zuschüsse aufgebracht werden. Zu verringern wäre diese Differenz nur durch radikal modernisierte Verfahren bei der Herstellung und selbstverständlich auch schon bei der Entwicklung neuer Hilfsmittel. Ich darf Ihnen verraten, dass wir mit aller Macht an dieser Modernisierung unserer Produktion arbeiten. Dies ist eines unser vordringlichsten Ziele überhaupt.

Dr. Anton: Lassen Sie mich hier noch etwas ergänzen: Die Entwicklungsarbeiten und auch die Entwicklungsinstallationen sind überaus teuer. Und diese Kosten sollten auf gar keinen Fall auf den Preis der Produkte abgewälzt werden. Wenn man dies täte, würde man nichts im Interesse der Behinderten selbst gewinnen.

Frau Berta: Ich darf mal etwas Prognostisches fragen: Wie sehen Sie die weitere Entwicklung der BLISTA? Welche Zukunftsperspektiven sind für Sie zu erkennen?

Herr Emil: Da ist das leidige Thema "Raumnot". Unsere Schule wurde seinerzeit für 75 Schüler gebaut. Im kommenden Jahr aber werden wir rund 230 Schüler haben. Dieser schulischen Raumnot begegnen wir vorübergehend dadurch, dass wir Gebäude nutzen, die an sich nicht für schulische Zwecke bestimmt sind. Ein Neubau steht an und ist auch bereits genehmigt. Seine Verwirklichung setzt jedoch voraus, dass alle anderen BLISTA-Teile aus dem Gelände ausgelagert werden.

Das gilt zunächst für die Produktion. Unsere Produktionsstätten erhalten im Ortsteil XYZ-Hausen im nächsten und übernächsten Jahr neue Räume. Auch im Heimbereich tut sich etwas. An der Peripherie des Geländes für die Produktionsstätten werden sich drei Heime mit insgesamt sechs Wohngruppen für unsere jüngsten Schüler anschließen. Langfristig wird sich unsere Schülerzahl, wenn wir die Statistik befragen, so auf 200 einpendeln.

Herr Friedrich: Haben Sie auch Zukunftspläne im Blick auf die Modernisierung Ihrer Produktion?

Herr Emil: Was den Produktionsbereich betrifft, so schreitet hier die Modernisierung mächtig fort. Denken Sie nur an die Möglichkeiten, die der Computer bietet. Wir beschäftigen uns gerade mit der Spracherkennung und versuchen mit dem Computer zu sprechen, statt auf ihm zu schreiben! Speziell für Blinde und Sehbhinderte wäre so ein Computer mit Spracherkennung ideal!

Problem Nr. 1 ist und wird für uns bleiben: die begrenzten Mittel von Seiten der öffentlichen Hand und damit das leidige Zuschussproblem.

Dr. Anton: Ja, wenn wir das Zuschussproblem richtig in den Griff bekämen, dann hätten wir einen weit größeren Handlungsspielraum. Vieles Notwendige würde beschleunigt, wenn es mehr Bürger gäbe, die sich für die vielfältige Arbeit der BLISTA fördernd-aktiv interessierten. Ich denke da vornehmlich an eine fördernde Mitgliedschaft im Verein "Deutsche Blindenstudienanstalt". Privatleute können da ebenso Mitglied werden wie Institutionen, Betriebe, Verbände usw. Dass die Gelder, die auf diese Weise zusammenkommen, sinnvoll und äußerst sparsam eingesetzt werden, dafür steht hier jeder Mitarbeiter gerade.

Meine Damen und Herren von der Presse, haben Sie sonst noch Fragen zu unserer Arbeit? – Schön, es sieht so aus, als wäre Ihr Fragedurst einigermaßen gestillt. Aber bitte gestatten Sie mir noch etwas Wichtiges in eigener Sache vorzubringen. Wir haben uns unsere Gedanken gemacht, wie wir mit der Presse noch enger zusammenarbeiten können. Das Ergebnis dieser Überlegungen war die Idee, einen Wettbewerb für Journalisten zu starten. Mehr hierüber wird Ihnen Herr Emil sagen.

Herr Emil: Wir gehen davon aus, dass viele Aktionen und Institutionen ihren Erfolg bzw. ihren Bekanntheitsgrad in erster Linie einem zugkräftigen Schirmherrn verdanken. Leider können wir nicht auf eine solche Schirmherrschaft verweisen. Wir sind neben der Unterstützung durch staatliche Stellen in hohem Maße auf Spenden aus der Öffentlichkeit angewiesen, um unsere Aufgaben voll erfüllen zu können. Das kam ja auch schon in dieser Pressekonferenz des Öfteren zum Ausdruck. Deshalb möchten wir die Journalisten aufrufen, sich an einem Wettbewerb zu beteiligen. Dieser Wettbewerb wird unter dem Motto stehen "Journalisten helfen der Blindenstudienanstalt". Ziel dieses Wettbewerbs soll sein, in der Bevölkerung durch eine wirksame Aktion die Probleme unserer BLISTA darzustellen und die Öffentlichkeit zu motivieren unsere Einrichtung durch Spenden zu unterstützen.

Wir bitten Sie deshalb, sich an der Lösung unserer Probleme durch Ihren Beitrag zu beteiligen. Bitte vermeiden Sie aber Mitleid anzusprechen.

Frau Dora: Ich kann mir noch nicht richtig vorstellen, worin unsere Hilfe bzw. Aufgabe bei diesem Wettbewerb bestehen soll.

Herr Emil: Wir denken uns das so: Sie teilen uns schriftlich mit, sagen wir auf allenfalls drei A4-Seiten, welche Aktion Sie in Ihrem Medium planen. Sie können uns Ihre Ideen und Strategien nennen, wie Sie kurzfristig und auch später verfahren wollen, um auf diese Weise möglichst große Hilfe der Bürger zu erreichen. Kurz – wir erwarten in diesem Ideenwettbewerb Ihren schriftlichen Vorschlag, wie Sie die von Ihnen konzipierte Aktion durchzuführen gedenken.

Frau Berta: Wie sind denn dabei Ihre Teilnahmebedingungen für uns Journalisten?

Herr Emil: An unserem Wettbewerb soll grundsätzlich jeder Journalist teilnehmen können. Wir denken daran, den Einsendeschluss auf Mitte n. J. zu legen. Dann bleibt genügend Zeit für die Interessenten, sich Gedanken zu machen.

Herr Friedrich: Wird es auch möglich sein, dass man gleich mehrere Ausarbeitungen einsendet?

Herr Emil: Durchaus! Die Einsendung von mehreren Ausarbeitungen soll unbedingt gestattet sein. Wir wollen ja eine möglichst große Beteiligung mit vielen Lösungsvorschlägen erreichen. Für die drei besten Ideen zur Durchführung publikumswirksamer Wettbewerbe werden wir Geldpreise aussetzen.

Frau Berta: Und wie denken Sie sich die Auswertung des Wettbewerbs im Einzelnen?

Herr Emil: Es wird eine Jury gebildet; sie wird über die eingegangenen Arbeiten nach eingehender Prüfung ihrer praktischen Durchführbarkeit entscheiden.

Haben Sie noch Fragen im Zusammenhang mit dem Journalistenwettbewerb? Sollte dies später noch der Fall sein, so wenden Sie sich bitte an die Pressestelle des Druckhauses Albert Zimmermann in XYZ-Stadt. Ich danke Ihnen für Ihre Aufmerksamkeit.

Dr. Anton: Meine Damen und Herren! Ich bin ganz sicher, dass Ihre Berichte, die Sie nun schreiben, das Interesse Ihrer Leserschaft finden.

Ich danke Ihnen, meine Damen und Herren von der Presse, nochmals sehr herzlich für Ihr Engagement.

7. Aufgabe:

Gestalten Sie aus dem in Abschnitt 1, Seiten 8 - 10, wiedergegebenen Gespräch, das Sie auch auf der A-Seite der Kassette 1 "Winklers Protokolle" hören können,

a) ein Verlaufsprotokoll
b) ein Ergebnisprotokoll.

8. Aufgabe:

Gestalten Sie aus dem Gespräch 2 der A-Seite der Kassette 1 "Winklers Protokolle"

a) ein Verlaufsprotokoll
b) ein Ergebnisprotokoll
c) einen Aktenvermerk der Betriebsratsvorsitzenden Andrea Buche für den Betriebsrat
d) eine Gesprächsnotiz mit den Gesprächsergebnisse und den notwendigen weiteren Maßnahmen.

9. Aufgabe:

Gestalten Sie das Gespräch 3 der B-Seite der Kassette 1 "Winklers Protokolle"

a) als Verlaufsprotokoll
b) als Ergebnisprotokoll
c) als Gesprächsnotiz.

10. Aufgabe:

Gestalten Sie das Gespräch 4 der B-Seite der Kassette 1 "Winklers Protokolle"

a) als Verlaufsprotokoll
b) als Ergebnisprotokoll
c) als Gesprächsnotiz.

Muster eines Aufnahmeblattes
(Originalgröße: A4, Querformat)

Sitzung: Name des Protokollführers		Datum	
Redner Anmerkung	Stenogramm	Ausarbeitung	Seite

Dieses Muster eines **Aufnahmeblatts** ist zum Kopieren für Übungszwecke freigegeben, sofern Sie die folgende Quellenangabe beibehalten: „Wir protokollieren", ISBN 3-8045-3957-2, Winklers Verlag im Westermann Schulbuchverlag GmbH, Darmstadt.

	Protokoll-Nr.

	Protokollführer	Abteilung	Datum	Protokoll–Nr.	Seite

Sitzungstag und –dauer	Sitzungsort

Teilnehmer	Verteiler

Thema	Erledigung durch:

Dieser **Protokollvordruck** ist zum Kopieren für Übungszwecke freigegeben, sofern Sie die folgende Quellenangabe beibehalten: „Wir protokollieren", ISBN 3-8045-**3957**-2, Winklers Verlag im Westermann Schulbuchverlag GmbH, Darmstadt.

Protokoll-Nr.

Dieses **Fortsetzungsblatt zum Protokollvordruck** ist zum Kopieren für Übungszwecke freigegeben, sofern Sie die folgende Quellenangabe beibehalten: „Wir protokollieren", ISBN 3-8045-**3957**-2, Winklers Verlag im Westermann Schulbuchverlag GmbH, Darmstadt.

Fachkürzungen für den Protokollführer

	Verkehrsschrift	Schnellschrift
Ablehnung		
Abstimmung		
Änderung		
Annahme		
Antrag		
Arbeit		
Artikel		
Ausführung		
Ausschuß		
Beratung		
Bericht		
Beschluß		
Besprechung		
Bestimmung		
Betrieb		
Bund		
Delegation		
Diskussion		
Durchführung		
Enthaltung		
Ergebnis		
Erklärung		
Europa		

	Verkehrsschrift	Schnellschrift
Finanz		
Firma		
Forderung		
Förderung		
Fraktion		
Genehmigung		
Genossenschaft		
Gericht		
Geschäft		
Gesellschaft		
Gesetz		
Gewerkschaft		
Industrie		
Institut		
Interesse		
Investition		
Jugend		
Kammer		
Kollege		
Kommunal		
Kultur		
Landes-		
Mehrheit		
Minister		

	Verkehrsschrift	Schnellschrift
Mitglied		
Ordnung		
Organisation		
Paragraf		
Partei		
Person		
Politik		
Präsident		
Protokoll		
Prozent		
Prüfung		
Punkt		
Rat		
Regierung		
Satzung		
Schrift		
-schutz		
Sekretär		
Sitzung		
Sozial(-)		
Spruch		
Stadt		
Stellung		

	Verkehrsschrift	Schnellschrift
Stellvertreter		
Stimme		
Tag		
Unternehmen		
Untersuchung		
Verein		
Vereinbarung		
Verfassung		
Versammlung		
Vertreter		
Verwaltung		
Volk		
Vorschlag		
Vorsitzender		
Vorstand		
Wachstum		
Wahl		
Wirtschaft		
Zahlung		
Zeit		
Zentrale		
Zivil-		
Zusammen-		